U0330938

PUBLIC HISTORY EDUCATION HANDBOOK

公共历史教育手册

上海博物館 编

华东师范大学出版社

序

开拓历史教育的社会大课堂

余伟民

十五年前，我在主编《历史教育展望》时曾对新世纪的历史教育发展前景提出过自己的看法，希望通过教育观念的转变和教育体制的改革来克服片面的应试教育和工具理性对历史教育本质的异化。我认为，历史教育在本质上是人文素质教育，历史知识作为人类以往实践的集体记忆，能够全面、综合地为人们提供文明发展和社会进步的累积经验，其最大的功能就是在价值理性层面通过历史经验的观照来确立人类社会的自我意识，矫正社会发展的失衡和人性的悖谬，所谓“读史使人明智”就是在这个意义上说的。这方面功能的开发在新世纪显得尤为重要。刚刚过去的20世纪，人类社会的现代化进程表现出明显的两种趋势，一方面是科学技术和物质文明的巨大进步，另一方面是社会发展的严重失衡并由此带来发展性危机。面对20世纪的遗产，进入新世纪的人类社会必须在科学技术所提供的空前机遇和社会机制的缺陷所导致的严峻挑战中作出新的选择：是继续沿着20世纪的发展惯性走向一个更加失衡的未来，还是对20世纪的发展失衡进行矫正，在回应挑战中开创新的发展机制，争取更加美好的未来？这一选择权将掌握在目前正在成长中的新一代人手中，他们的世界观和人文精神所达到的高度将决定着这一选择的方向。

很遗憾，囿于观念和体制的惯性，目前的学校历史教育尚不能达到我们期望的目标。尽管从事历史教学的老师们做出了很大的努力，但历史教育的现状与其应该承担的本质性教育功能距离尚远。我们是否能寻求在学校教育之外的补充性历史教育机制来弥补学校教育的不足？开展“公共历史教育”就是一个很好的思路。

公共历史教育（public history education）作为学校之外的历史教育，它发生在非特定教育机构的社会公共领域中，由职业历史学家或历史爱好者通过各种公共媒介手段传播历史知识以及学习历史的方法。这种历史教育具有普及知识的功能，但同时具有严谨的学术品格，并非那种随意性很强的通俗历史故事的传播，更不是那种哗众取宠的“戏说历史”。它与学校历史教育的差异主要在于：教学主体和受众的多元、教学载体和方法的多样、教学目标的多维。这种相对宽泛和灵活的教育方式比学校教育更能够适应动态发展的社会客观需求和各类社会成员自主学习的主动性选择，不仅可以作为学校教育的补充，而且可以成为终身教育的组成部分。公共历史教育的特性给历史教育本质性功能的发挥提供了广阔的空间，由于它不受学校课程标准的限定，也不与应试教育挂钩，大大降低了工具理性的约束，从而为价值理性的弘扬和人文精神的光大创造了条件，这恰恰是历史教育本质的体现。正是在这个意义上，走出学校课堂的公共历史教育开拓了面向公众的社会大课堂。

我国的公共历史教育正处在起步阶段。近几年，一批青年学者在这个领域开拓创新，以高度的社会责任感和学术热忱为历史教育突破学校围墙做了有效的尝试，取得了可喜的成果。他们借鉴国外的经验，立足中国的实际，运用各种社会资源，努力将史学发展的新成果引入公共历史教育，为社会公众（包括在校学生）提供了大量教科书之外的历史知识，并为社会公众的历史学习提供方法论的指导，一个与娱乐性“戏说历史”截然不同的、内容严肃而形式生动活泼的历史教育社会大课堂正在形成。

公共历史教育的一个重要载体是博物馆。无论是历史博物馆、艺术博物馆还是自然博物馆，其展品都保留着丰富的历史信息。以人类历史发展作为陈列主题的博物馆更具有直接的历史教育功能。运用博物馆资源开展公共历史教育是国外成功的经验。因此，当中国学者探索公共历史教育的有效途径时，与博物馆的合作就是一个首选的方案。同时，博物馆作为开展公共历史教育的主体之一也在积极寻求与历史学者的合作，以更好地发挥馆藏文物的教育功能。正是在这一背景下，华东师范大学历史系与上海博物馆建立了共同推进公共历史教育发展的合作机制，《公共历史教育手册》（以下简称《手册》）的编写就是这一合作的成果之一。

《手册》旨在为历史爱好者（包括学生）提供自主学习历史知识的入门途径，以通俗易懂的文字和图文并茂的形式讲解“历史记忆的传承”、“历史文化的视野”、“历史实践的维度”和“博物馆与历史教育”。其中涉及史料的鉴别、历史时间和空间、历史人物和历史诠释等历史知识的基本元素，还提供了如何从各种学习方式和文化活动中吸取历史知识、体验历史场景的指导性案例。以《手册》命名，体现了编者将其作为入门工具书的用意，但这本工具书具有很强的可读性，即使在讲解基本的理论知识和方法时也是通过具体的历史情景引入，深入浅出，娓娓道来，将抽象的理论融入生动的故事，并配上相应的视觉图像，有效提升了历史理论的可接受度，十分有利于实现公共历史教育的教学目标。

《手册》的内容是学习历史必须掌握的一些基本的理论知识和方法，但在现行的历史教科书中这些内容往往阙如，需要有经验的教师通过自主备课在教学过程中结合课程内容加以补充。而在现行的教学体制下很多教师疲于应付在有限的教学时间内完成应试记忆的内容，基本理论知识和方法的备课和教学往往被放弃，这是目前学校历史教育状况不尽如人意的主要表现之一。因此，《手册》的编写对于学校历史教育也是很好的帮助，可以成为教师备课的参考资料和学生课外阅读的良师益友。

特别要指出的是，这本《手册》的作者主要是华东师大历史系的青年骨干教师，他们在专业学术领域风华正茂，并承担着繁重的教学科研任务。公共历史教育对于他们来说是本职岗位之外的一项社会责任，他们不辞辛苦，在完成学校工作之余与上海博物馆合作开展公共历史教育，表现了高度的社会责任感和贡献公共历史教育事业的热忱，堪称公共历史教育的“志愿者”。作为同事，我对他们的奉献精神深表敬意；作为上海市高中历史教材的主编，我感谢他们编写的《手册》弥补了教材的不足，并为教材的进一步修订提供了借鉴。衷心祝愿历史教育社会大课堂在各方面的合作推进下日益拓展，为社会公众提供更多更好的公共知识产品，也希望在《手册》之后能有更丰富多彩的适应公共历史教育需要的各种教学和学习资料问世。

导言

椅子的历史学研究

陈曾路

所有的学科其实都是有其前提的，比如经济学的前提是理性人；人不理性，经济学就崩溃了。问题是人往往是不理性的，而且，什么才是理性呢？对理性这样的模糊概念下定义终究是个很难完成的任务，社会是模糊的，所以有其复杂性。控制变量可以让复杂问题简单化，难免会有一种高概率现象的发生，从而被自以为是的某种学家归纳为规律。规律是上帝逗弄理性人的黑道具。福尔摩斯也有犯错的时候，不是归纳或者演绎的方法错，是哲学层面上的问题。人活在世界上需要敬畏。理性、智慧、勇气这些只是拐杖，让跛腿行者有所依靠，但绝不能以其而扮上帝。

历史是研究过去的学科，对象是过去的所有发生。发生的范围很广，人、物、事件，从一个想法到一种思潮，从一次灵光乍现的创作到可供类归的风格。历史研究的目的其实也很复杂，对过去的好奇只是一种精致的托辞，窥测未来才是真实目的。但历史虚无主义要不得，历史都是实实在在发生的。历史学家通过控制变量和设定前提，从小概率看到大概率和规律。

历史学是和规律联系在一起的学科，然而历史决不仅仅是寻找规律。在那些历史的发生之中，偶然与必然究竟如何界定，比例又如何，其实是最难回答的问题。历史首先要探寻的是现象本身，也就是“是什么”。然后是现象发生的原因，简单而言就是“为什么”。最终才是规律的范畴。

历史学是主流学科。所谓主流，就是和绝大多数人的生活息息相关。未必直接到以史为鉴的高度，但确实可以让我们少走许多弯路，让生活更美好。这其中，掌握规律是关键：看待问题的角度和方法，解决问题的途径和思路，实践中的各种得与失。

我总觉得历史不只是一种茶余饭后的谈资，历史之所以“有用”，那是因为它是未来的创意的基础，本质而言，我们所经历的绝大多数是历史，当下稍纵即逝，未来难以捉摸。2004 年的时候，第一次去大都会博物馆，印象最深刻的不是什么文物珍品，而是他们的美廊（The American Wing）里面密集陈列着的椅子，从 18 世纪到 20 世纪。策展人解释尽量想把更多的实例提供给参观者，大家都希望看到更多的东西，因为有用。看着这些椅子，瞬间明白一个道理，没有凭空的创造，没有无来由的设计，甚而设计其实也只是历史碎片在一个个体生命里的投射罢了。抄袭和再现是设计的根本，一代代的抄袭和每次抄袭过程中的那些灵光乍现就是设计的全部，生动而卑微，质朴但伟大。

“治大国如烹小鲜”，从小椅子到大文明，其实是一个道理——微观到宏观。椅子作为历史研究对象的好处是：时间和空间范畴的普遍、普世，众多的接口，通联的决不仅仅是设计本身，还有椅子之外的广大世界。从普通人的日常生活，到“交椅”、“座次”这些攸关利益的概念，乃至于“主席”、“席位”这样的政经大事。椅子是很好的标本和案例，可以实践许多历史研究的方法，也能说清许多公众所关心的历史研究的道理。

任何研究首先是掌握资料，包括文献、图像、各种数字信息、各种道听途说与眼见为实。资料当然要辩证，不能拉到篮里就是菜。查下网站，中英文和椅子相关的书籍大概不下几百种，真要研究起来，仔细翻阅 10 种（最简单的选择就是看下引用程度最高的那几种，最好要两种以上语言）大概足够对椅子这个话题能有发言权。知识储备其实是理解和认识问题的捷径，当然掉书袋并不可取，任何既有的知识都是有迷惑性的，进得去其实还是为了跳出来，认知、思辨和实践是一般的过程。资料其实不能都盲从的，法律工作者都知道完整的证据链和证据的可靠性，孤证什么的就不太可信。这个不展开了。

具体说说关于椅子的历史学研究。

首先是建立坐标轴，历史的坐标轴构建标示的是空间与时间维度之中的所有发生。人、事、物都是有位置的，“定位”是理解的前提，没有了空间和时间的参照，那就是虚无了。坐标轴之中的所有发生有其绝对和相对的位置，绝对位置好理解，比如布劳耶（Marcel Breuer）在包豪斯任教期间设计了著名的瓦西里椅（Wassily Chair），“包豪斯”、20 世纪 30 年代、魏玛共和国，这些都是准确的历史信息，不容置疑。而几年之后，伟大的设计师柯布西埃的 LC 系列中的第一张椅子巴斯库兰椅（Basculant Chair）问世，其造型结构很大程度上受了瓦西里椅的影响，由此我们知道瓦西里椅相对位置在前，巴斯库兰椅在后。相对位置的意义在于理解变化、发展和趋势，在看似一个个无关的绝对位置之间探求关联性，“关联性”几乎概括了历史学研究的所有内涵。以刚才提到的椅子为例，魏玛共和国和包豪斯之间的关系，瓦西里和布劳耶之间的关系，布劳耶和柯布西埃之间的关系，这就是一战后德国政治、社会、教育、设计的一篇大文章。关键是，柯布西埃的设计和产品，包豪斯的价值理念和审美标准直到现在还影响着我们的生活。要理解柯布西埃是离不开这个无形的坐标体系的。

需要与建立坐标紧密结合的是分类的思考方式，合理的分类是很重要的理解世界的方法。比如以材质为核心的分类，最早当然是天然材料，木头、柳条、藤条等等，后来又有金属，近代以来则出现了各种合成材料。技术的进步使一些加工工艺成为可能，比如温莎椅的出现和用来刨削木条的脚踏车床关系密切，托内曲木椅（Thonet Chair, No.14）则与利用动物胶加工制作带曲面、曲线的木制品密不可分，各种一次成型的加工工艺与合成塑料的大量使用是互为因果的现象。以地域和时间来区分也是成立的，中国的明式家具中的四出头官帽椅、圈椅显然与意大利的拉丁系家具风格迥异，而北欧的现代风格、包豪斯的工业气质、艺匠意味强烈的新艺术风格、英国维多利亚时代的工艺美术风格皆为一时之代表，至于英国温莎椅之类则是一个时代与区域的经典标杆，成为范式和后来创意的基础。分类和坐标体系化的思维方式大概可以让我们在面对陌生的对象时不至于紧张或迷失。历史学家往往是任何社会中最为冷静的人，不是因为他们控制情绪能力高超，而是他们擅长于在纷繁复杂之中辨识到相似性，所谓自信其实还是建立在认知的基础上的。如果要研究 19 世纪下半叶到 20 世纪 30 年代的孟买、上海、伦敦、巴黎之间的关联，必要的对象远不止于东印度公司的报表、货品报关单、英文报纸、下午茶的茶单、流行的电影和小说这样的小材料，要形成大概念，还是要从城市和其建筑的风貌入手。从维多利亚式到装饰主义风格的建筑能清晰地展示出这些城市互相之间的影响，比如孟买的泰姬玛哈酒店是文艺复兴大拱顶、维多利亚式爱德华风格和伊斯兰元素的组合体，在上海这样的例子很多，流行的讲法是混搭。我关心的其实是上海沙逊大厦（Sassoon House）、国际饭店（Park Hotel），巴黎丽思酒店（Ritz Paris）、英国哈罗德百货（Harrods）这类代表性空间里的椅子，建筑作为研究对象其实太宏观，又受制于施工技术和建筑材料以及本土审美心理的影响，椅子维度正好，大概能提供一种更为精确而直观的例证，在这些代表文明和进步的空间里，巴黎、伦敦、上海的距离是可以度量的，不会有四出头官帽椅，也不会有莫卧儿细密画里的铺地上的毛毯……

然后是布局关键点，以人而言是“名人”，以椅为例当然是“名椅”。所谓名人主要是设计师，伟大的设计师的作品往往是带有标志意义的。比如丹麦人韦格纳，一生设计 500 张以上的椅子，最出名的是借鉴中国明式圈椅的“The Chair”，韦格纳醉心于中国圈椅上无处不在的曲线，用榫接的方式连接刨削出的横木，再用藤缠绕接口加以装饰。韦格纳的椅子以其外观而言在熟悉中国文化的人看来近于抄袭，但其舒适性与正宗的中国圈椅相比较不可同日而语，是 20 世纪 50—60 年代家具设计的明星。韦格纳设计的名椅相当之多，比如承袭了温莎椅结构特点的“孔雀椅”，比如机械量产、销量巨大的“Y 形椅”，在椅子的家族中影响巨大。韦格纳之关键并不仅仅是他设计椅子的数量，而在于其设计理念和方法对后来者的影响，在承袭传统和创意创新之间、在设计和工匠记忆之间、在产业和艺术之间，这些都是很关键的问题。另外以丹麦为代表的北欧设计作为一种潮流登上历史舞台，与“旧有的”设计势力之间的关系，“如何超越”，这些都是很有意思的话题。还有芬兰的国宝设计师阿尔托，以建筑设计闻名于世，同时也是一个非常知名的家具设计师，设计的许多椅子一直到现在还常见于我们的日常生活中，比如他的凳椅 E60（Stool E60）利用切口弯曲法处理的弯曲的椅脚与圆形的坐面，简单到了极致，估计所有人都曾经坐在 E60 或它的拷贝之上而不自知。阿尔托后来几乎成为北欧设计的代表，他开的设计公司和设计品牌其实一直在运作，可谓影响一代人。阿尔托在 20 世纪 30 年代为帕伊米奥疗养院（Paimio Sanatorium）的病人设计的悬臂躺椅，号称对肺结核病人的呼吸最有帮助也最为舒服，对悬臂椅的发展也有很大影响。前两年有个广告，说是为了一个水龙头而设计了整幢房子，阿尔托是从椅子而设计了整个建筑。我家也有张悬臂椅，和阿尔托也有关。

找到关键点意味着找到突破口，问题其实有大小和真假之别的，在关键点上找问题往往事半功倍，因为这是矛盾的聚焦。设计师的突破口何在，为何会成为名椅，看似是个技术问题，其实是历史问题。没有无来由的灵感和创意，只有巧妙的不露痕迹的继承和发展。

规律性是历史研究的关键，以椅子而言，首先是舒适性，其次是造型材质，最后才是那些特殊的附加项。腰、臀、背、脚、手的受力分析其实才是关键所在。好的设计其实并非只是外观，而在于那些看不到的地方，坐上去的人才能明白的那种微妙的区别。这才是设计的核心。规律是有延续性和延展性的，明白椅子的历史就能续写椅子的历史，明白如何研究椅子的历史就具备能力研究各种人、事、物的历史。有点像2010年BBC出品的《神探夏洛克》里的场景，人物身上瞬间弹出的几十个窗口，椅子也是的，一个个看似无关的信息窗最后能连缀起完整的逻辑链，故事其实不止是用来听和说的，故事是有其实用意义的，好看与否、舒服与否，全靠这些了。

最后说说我自己家里的椅子。

我家里的椅子有四种类型，一种是朋友送的，纸做的椅子，妙在材质和结构，真坐起来其实有些不舒服，背会抽住。其他三种全是宜家买的。其中悬臂休闲躺椅大概是宜家卖得最好的一种椅子，它其实是历史的复合体，悬臂椅的始祖斯坦椅和密斯范德罗的MR.10、MR.20都是钢管悬臂，宜家用的是胶合板，更轻便和便宜。另外又借鉴了布鲁诺·马松（Bruno Mathsson）的灵感，讲求人体工学和其带来的功能性。这椅子我平时用得最多。用得次多的是客厅饭桌配套的坐椅，有夏克椅的基因，是18世纪清教徒以轻便和实用而闻名的设计，夏克椅的坐面一般用的是藤面或羊毛绳编，后来的吉奥·庞蒂（Gio Ponti）的超轻椅（Superleggera Chair）同样如此，一样也是以轻便而闻名。我用的宜家那几张椅背设计完全和夏克椅的梯形结构一致，就是坐面换成了木头，手工制作如今属于奢侈的范畴。电脑前放的是马库斯工作椅，万向轮、可变高度、可调角度靠背、真皮坐垫、网眼透气设计，这些如今几乎是一张合格的工作椅的标准配置。马库斯集中了许多她的先辈的优点和基因，比如1979年英国人弗莱德·斯科特（Fred Scott）设计的靠背椅（Supporto Chair），还有著名的埃隆办公椅（Aeron Chair），互联网时代和新经济的发展与来自于凯尔特神话的埃隆河（Aeron）有着密切的关系，在找到盈利模式之前先做一个酷的办公室，这个逻辑让这把椅子被称为经典。看看宜家卖的椅子，就明白为什么宜家是最伟大的家具商，几乎每一把宜家的椅子都是某种传统的延续，博物馆级别（老让我想到大都会博物馆美廊）的展示，几乎囊括了人类在椅子这个领域的所有成就。消费者并未意识到他们的选择其实是设计师暗示和引导的结果，看似自主的判断实则是精心操控的商业运作的过程，掌握规律和方法的设计师与上帝无异。

公众历史是什么，其实没标准答案。我个人的理解是专业历史学家如果是核武器的话（动辄站在理论和模式的高度），讲求的是杀伤和威慑，但失之粗糙和不实用。那公众历史就是带着精确制导武器的无人飞机，嗡嗡飞过去，一般也就拔掉一个恐怖分子的据点什么的，好处在灵巧而精细，动静小，但能解决具体问题。椅子就是这样，人是椅子的历史中最关键的因素。

目录

第一部分

历史记忆的传承

历史是一种关于过去的记忆。如同个人记忆必须借助神经那样，历史记忆也不得不通过一些有形（如考古发现）或无形（如神话传说）的途径来加以传承。当我们试图把一种历史记忆传递给后代时，首先碰到的挑战是：如何保障这种历史记忆的准确性？

个人记忆会出现误差，历史记忆自然也存在着各种扭曲的可能。相信不少人都玩过一种名为『快乐传真』的游戏。在这种游戏中，无论什么动作，都会在传递过程中出现增损，到最后一人时通常总是『离题万里』。由此反观历史记忆，情况大致相同。若考虑历史上形形色色的有意作伪之举，这种失真或许还是一种常态。

然而，求真始终是历史学的根基所在。数代历史学家不断地探求各种验证手段，以确保自己所传承的那份记忆，得以在更多证据的保障下，永存于克里奥神殿。这就是『多重证据法』。

第一章　多重证据法

黄爱梅

引子

警察破获了一个校园盗窃团伙。有人说：赃物中有一个 iPad 是自己丢失的。怎么证明这就是他的失物呢?

警察可以调出 iPad 失窃之后该学生的报案记录，失主指认丢失物品的时间、地点、物品特征等内容与盗窃团伙的交代及所获物品是否可以对得上号，如果有监控录像，那就更容易核对信息了。此外，失主还可以提供之前购买这个 iPad 的发票、使用 iPad 时候的相片，丢失时候和失主在一起的同学的证明……这种种资料和证据，或文字或影像，有的来自失主本人、有的来自勘察现场、有的来自目击者，从不同角度和层次，都能够帮助警察做出准确判断。

历史研究也是一样，需要不同来源、不同种类的各种证据来帮助我们探究历史的真相。

一、疑古派

上个世纪 20 年代，中国学术界曾有一个非常著名的说法，叫做“东周以上无史”。这句话的意思是，古书里东周以上的历史，都不是“信史”。说这话的不是旁人，而是鼎鼎大名的学者胡适和顾颉刚两位先生。胡适就曾明确说过：“现在先把古史缩短二三千年，从《诗》三百篇做起。”

史家小史 1.1

胡适（1891—1962），原名嗣穈，学名洪骍，字希疆，后改名胡适，字适之。安徽绩溪人，以倡导“白话文”，领导新文化运动著闻于世。他在学术上影响最大的是提倡“大胆的假设、小心的求证”的治学方法。代表作：《先秦名学史》、《中国哲学史大纲》、《诸子不出王官论》等。

为什么当时的学者们这么悲观？要知道，东周包括春秋和战国，已经是公元前 771 年（平王东迁）以后的事情了。中国古籍中记载的古代历史，即使不从盘古开天辟地说起，三皇五帝、夏商西周，也有两三千年吧，难道统统蒸发，不可相信了吗？

一部分问题出在记载这些远古历史的古书上。20 世纪 20 年代，顾颉刚先生和同时期的一批学者，对古史以及记载这些古史的古书进行了考辨工作，人们称之为“古史辨”派。经过他们的审查和研究，很多先秦古书部分或全部被证实由后人假托或伪造，并不是真正古史的实录；那么这些“伪古书”中所建构的古史，自然也就成为“伪古史”，不能相信了。其中最关键的一本古书是《尚书》，古人以为是上古圣王唐尧、虞舜和夏禹言行录的《虞夏书》部分，被证明成书于战国时代，压根就不是尧舜禹时期的实录。这样一来，《虞夏书》中所记载的尧舜禹事迹还是真的吗？他们到底是人王还是神祇？他们之间有没有禅让的事情发生？大禹有没有真正地治水，规定天下各地的贡赋？夏朝是不是真的存在？……原本在古人那里确信无疑的古史，统统都被打上了问号。连尧舜禹的事迹都存疑了，比他们还要早的古史传说自然就更可疑。顾先生通过对古书的考辨，提出了著名的“层累地造成的中国古史”说，大意为古史是由后人不断构造出来的，时代越晚，文献中对早期历史的记载越丰富，它们的可信度便越低。据此，西周以前、甚至三皇五帝的有关记载，都是不可信的。

史家小史 1.2

顾颉刚（1893—1980），名诵坤，字铭坚，号颉刚。疑古派的创始人，在其著作中，推翻了传统所谓的“盘古开天地”、“三皇五帝”等概念构成的中国古史系统，提出了“层累地造成的中国古史”的观点。代表作：《古史辨》等。

依凭“怀疑”的科学精神，以顾先生为代表的疑古派扫荡了旧有的古史体系，极大解放了当时人们的思想。然而新的问题随之出现：既然古书上的记载不可靠，真实的历史又是怎样的呢？中华文化的源头到底在哪里？我们要怎样才能发现真实的历史呢？

1899 年（光绪十八年），曾任国子监祭酒的王懿荣在中药“龙骨”上，发现有一些奇怪的刻划符号。其中部分符号，与之前他所搜集的商周青铜器上的某些文字非常相似——现在我们已经知道了，这些龙骨上刻画的符号，就是早在 3000 多年前商朝时代人们留下来的文字——甲骨文。（图 1.1）

这些刻划着商代文字的甲骨和兽骨来自哪里？20 年后，著名金石学家罗振玉经过多方打探，终于证实现在的河南省安阳市小屯村就是这些商代甲骨的主要出土地。1928 年 10 月 13 日，当时的中央研究院历史语言研究所派出考古学者董作宾到小屯进行试掘。此举不但发现了“殷墟”（即商代晚期都城遗址），也成为近代史上中国学术机关独立进行科学考古发掘的开端。至 1937 年 6 月的十年间，中央研究院在这里一共进行了 15 次发掘，发现大墓 11 座、方坑 1 个、小型墓和祭祀坑 1200 多座，以及大量建筑基址，出土刻字甲骨近 2 万片，还有大量的陶器、铜器、玉器等。1949 年后，考古工作者在这一区域仍然发现不断：武官村大墓、后冈祭祀坑，小屯南地出土刻字甲骨 4000 多片，还发掘出商代铸铜遗址和商王武丁的王后妇好的墓葬等等。不仅如此，考古工作者还在今河南郑州、偃师、花园庄等地，发现了殷墟之前的商代城址，获得大量考古资料。（图 1.2）

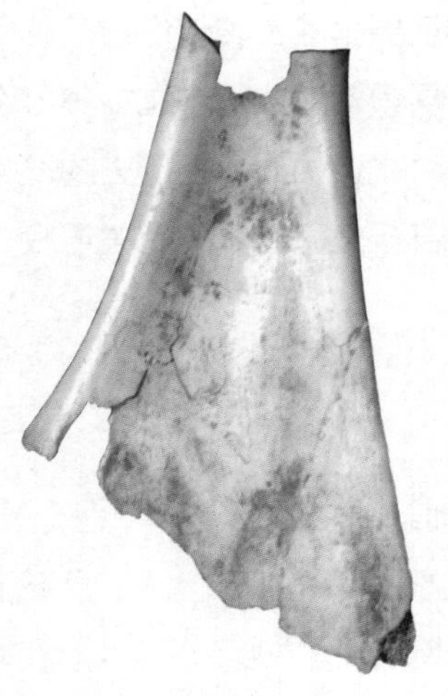

图 1.1　上海博物馆馆藏甲骨文

图 1.2　殷墟妇好墓青铜器

正是有了甲骨文的发现及后续殷墟的发掘，经疑古思潮荡涤的中国学术界，开始走上重建中国古史的历程。顾颉刚先生说："我知道要建设真实的古史，只有从实物上着手的一条路是大路。"胡适先生也说："现在先把古史缩短二三千年……将来等到金石学、考古学发达上了轨道以后，然后用地底下掘出的史料，慢慢地拉长东周以前的古史。"

通过对甲骨文和其他考古资料的研究，商朝的历史一步一步得到了证明。在此过程中，被称为"甲骨四堂"之一的观堂先生王国维（其他三位：罗振玉号雪堂、郭沫若字鼎堂，董作宾字彦堂），提出了"二重证据法"的研究法。

史家小史 1.3

"甲骨四堂"

罗振玉（1866—1940），号雪堂。他保存了大量甲骨的原始资料，最早探知了甲骨的出土地点，并且考释出大量的甲骨文单字。代表作：《殷虚书契前编》、《殷虚书契后编》、《殷虚书契考释》。

王国维（1877—1927），号观堂。他把古文字学与古代史一起研究，充分利用最新的甲骨材料，去对照传世史料，创造并完善了"二重证据法"，学术贡献极大。在甲骨文研究方面的代表作：《殷卜辞中所见先公先王考》、《殷卜辞中所见先公先王续考》。

郭沫若（1892—1978），字鼎堂。他做了大量甲骨文的整理、收集、注释的工作，代表作：《卜辞通纂》、《甲骨文合集》。

董作宾（1895—1963），字彦堂。他到安阳进行殷墟调查及发掘工作，并创立了甲骨断代学。代表作：《甲骨文断代研究例》。

二、"二重证据法"

1925 年秋，在清华学堂研究院讲授《古史新证》的王国维，在课程的一开头就说了这样一番话："吾辈生于今日，幸于纸上之材料外，更得地下之新材料。由此种材料，我辈固得据以补正纸上之材料，亦得证明古书之某部分全为实录，即百家不雅训之言亦不无表示一面之事实。此二重证据法惟在今日始得为之。"其意是说，二重证据法就是运用"地下之新材料"与传世的"纸上之材料"的记载相互印证，不但可以补充和修订传世文献的不足，还可以证明古代文献具有可信的一面。

用地下材料来补充和印证纸上材料，这样的研究方法，在古代学者那里并不少见。他们以墓志、碑刻、青铜器铭文等金石材料来证明古史，也取得过不少成绩。那么，王国维提出的“二重证据法”，又有何种价值呢？

事实上，“二重证据法”强调了地下新材料的重要价值，体现的是王氏使用地下新材料的自觉性。

王国维曾说：新材料会引发新学问。古时候就不乏这样的实例。例如，汉初孔子旧宅夹壁中出土了一批用战国六国文字所书写的儒家经典（即“壁中书”），遂引出汉代以来的古文经学传统；晋朝时发现“汲冢书”，特别是其中的《竹书纪年》，直接冲击了传统先秦古史的一些记载（如“夏启杀伯益”、“太甲杀伊尹”之类）；宋代出土了不少古代青铜器，就带来了古器物学、古文字学的一时兴盛。

知识链接 1.1

今古文经之争

今文经和古文经是西汉末年形成的经学研究中的两个派别。战国以来儒生经传，大都是师徒、父子口耳相传，到汉代才用当时通行的隶书著于竹帛，故称为今文经。今文经学解释经义，主要在于“通经致用”，着重章句推衍，结合阴阳五行灾异和刑名学说来发挥经文的微言大义，提倡“大一统”、“尊君抑臣”、“正名分”等思想。汉代出现的先秦经籍，相传或出于孔壁，或献自民间，经文都用秦朝以前的文字书写，故称为古文经，如《古文尚书》等，古文经解释经义，主要在于“通经识古”，详于训诂，局限于探索经文本义，在理论上没有重大发挥。

汉哀帝时，刘歆提出立《春秋左氏传》、《毛诗》、《逸礼》和《古文尚书》于学官，与经文博士相抗衡。哀帝命他与五经博士讨论，但遭到了今文家们的攻击，其主张没有实现。此后经学出现了今文与古文两个派别，双方争论前后延续了近二百年。东汉最有名的学者，如贾逵、服虔、马融、郑玄都是古文家，或兼通今古。在马融、郑玄兼采今古文注经的影响下，今古文渐趋于混同。汉末董卓之乱以后，博士失职守近三十年，今文学日益衰微。

但古代出土资料的数量和规模，都无法与上世纪初的那些发现相媲美。在一次谈及“最近二三十年中中国新发见之学问”的演讲里，王国维列举了当时新近出土及发现的新资料：殷墟的甲骨文字、敦煌及西域各处的汉晋木

图 1.3　玉门关遗址

简、敦煌千佛洞的六朝及唐人写本书卷，还有清代内阁大库流出的元、明以来书籍档册，以及当时中国境内发现的“古外族遗文”（如突厥阙特勤碑、苾伽可汗碑、回鹘九姓可汗碑等）。这些都是前人无缘看到的新资料，实在是史无前例的史料大发现啊！王国维说：“古来新学问起，大都由于新发现”，而如此众多新史料的发现，一定会提出大量的新问题，从而扩展学术的新领域。王氏本人即自觉运用这一方法，结合《史记》、《汉书》等传统文献史籍资料，对敦煌、居延等地出土的大量汉晋简牍进行研究，逐一考实汉代的边塞和烽燧，确定历史上玉门关、楼兰及海头城的位置，探索丝绸之路的路线，研究汉代边郡都尉官僚系统，不但补充修订了传统史书中的记载，还扩张了边疆史、政治制度史、中外交通史等史学研究的内容，开创出简牍学这一崭新的研究领域。（图 1.3 ）

另一层重要意义是，在当时，王国维通过这一方法，证明传统文献甚至是其中的“百家不雅训之言”，也仍然具有重要的史料价值，不可轻视，从而增强了人们对传统文献的信心。

在王氏之前，罗振玉已将甲骨文上的商王名号与《史记·殷本纪》相对证，在卜辞中成功发现了二十多个商王的名号（罗振玉：《殷虚书契考释》，北京，中华书局，2006年）。王国维在此基础上大大向前推进，扩大了与甲骨卜辞对证的古代文献范围，综合《史记》及《楚辞》、《山海经》、《竹书纪年》、《世本》、《汉书·古今人表》等等，还使用了相关的青铜器铭文作为参证，对整个商王室世系作总体的研究。他先后撰成《殷卜辞中所见先公先王考》和《殷卜辞中所见先公先王续考》两文，详细考证卜辞中出现的商代先公先王名称与顺序，证实了《史记·殷本纪》所记商王世系可信。他的这个成果震惊了学术界。郭沫若激动地写道："卜辞的研究要感谢王国维。是他，首先由卜辞中把殷代的先公先王剔发了出来，使《史记·殷本纪》和《帝王世系》等书所传的殷王世统得到了物证，并且改变了他们的讹传。"（郭沫若：《十批判书·古代研究的自我批评》，北京，人民出版社，2012年。）由此，王氏通过这一方法的运用，不但证实了《史记》作为历史材料的可靠性，而且发现，向来被视为神话的《山海经》和《楚辞·天问》等相关记载，也保留了不少远古历史的传说，具有一定的证史价值。

三、史料的种类

"二重证据法"的提出，自然有它的时代背景。然究其特征，则是研究者（王国维）自觉扩大了史料的范围。

那么，什么是史料？史料究竟又有多少种呢？

史料，就是后人据以认识、解释和重构历史过程的种种材料。史料的类别非常多样，我们可以从不同角度对其进行分类：

从史料的原始性来看，它可以分为第一手资料和二手资料。第一手资料即原始史料，是当事人、亲历者直接记录或留下的资料以及遗物、遗迹等原始资料，与发生的历史有着直接的关系，或是离历史发生的时间最短、距离最近、与传述者关系最为密切。透过访谈、问卷调查、个案调查、实地考察等方法所获得的数据，也都属于第一手资料。二手资料也就是间接资料，它是辗转流传下来的史料，或是从他人研究或复述中获得的史料。以上与3000年前商朝有关的史料中，甲骨文以及其他通过考古发掘获得的实物资料，就是第一手资料。《史记》的记载，则是司马迁根据他所看到的史料进行转述、整理之后的史料。对历史人物而言，他亲著的日记、信件、文章等，属于原始资料；他人对传主的记忆、谈论和评价，则属于二手资料。相对来说，第一手资料是可信程度最高的史料，二手资料则有可能经过了后人的修改、增删或引述错误，亦可能受到后人观点角度、所持立场的影响。

图 1.4　庞贝古城遗址

从史料的存在形式来区分，可以将史料分为实物史料、文字史料、口述史料和图像史料等。实物史料，是前人遗留下来的活动场所或使用过的有形物品，包括遗物和遗迹两类。遗物指前人留下的个别物品，在此主要是指无文字的史料，比如人与动物的化石、人类制造和使用过的工具、生活用品等等。而前人生活过的居址、聚落、工坊，埋葬死者的墓葬，他们留下的窖藏、石窟等等，都是遗迹。

说到遗迹，意大利庞贝古城遗址应该是世界上最著名的遗迹之一了吧！这座城市始建于公元前 600 年，公元前 80 年成为一座优良港口和兴旺的商业城市。然而公元 79 年 8 月 24 日，维苏威火山爆发，一夜之间，整座城市被火山灰覆盖。1748 年，6 米多深火山灰下的庞贝古城被重新发现。发现之时，仿佛一切都没有改变过，整个城市如同千年前的原状：中心广场、剧院、酒馆、作坊、商店、别墅、棋盘般纵横的街道，巨商房屋的地面上写着“钱，欢迎你”，有的房间里还悬挂着人物肖像。被凝固的还有人们罹难的瞬间，惊心动魄。（图 1.4 ）

类似的古代灾难现场，还有 4000 多年前我国青海民和县喇家遗址，房基内手脚勾连、拥抱在一起的母子形象，野地里散落的骨骸，令人印象深刻。研究表明，这是由于突如其来的一场大地震，村落房屋坍塌所造成的惨剧。很快，次生的山洪灾害暴发，幸运躲过此前地震的幸存者，却又丧生于汹涌的洪水之中……

图 1.5　长沙马王堆帛画

从这样的遗迹中，后人可以清晰地感受到当年的灾难现场，也能对当时聚落的建设、布局以及社会发展水平、社会生活和文化等，有直观的认识。

墓葬往往也包含着大量的历史信息。1973 年在我国湖南省长沙市发掘的马王堆西汉墓，便是如此。3 座墓葬出土了大量随葬物品，包括丝织品、帛画、帛书、竹简、印章、封泥、陶器、漆器、竹木器、农畜产品、中草药等等 3000 多件遗物，还有保存完好的汉代女尸……这些资料，大大丰富了我们对于汉代初期的埋葬制度、手工业和科技水平、社会风俗、文化信仰等各个方面的认识，相关研究至今还在继续。（图 1.5 ）

口述史料，是指口耳传承的资料，包括口述传说、口头谣谚和口述回忆等。最早如西方的《荷马史诗》、中国藏族的《格萨尔王传》，都曾是口口相传的历史。以前口述史料很难流传久远，后来大都会落实为文字。现代影像技术发展起来后，口述材料便可以通过录音及影像的形式留存在档案馆或图书馆中。

图 1.6　法国拉斯科洞窟崖壁画

口述史料包涵的内容极其广泛，已经成为普通民众史、社会生活史、妇女史、民族史、城市史、社区史、灾害史等等新史学领域重要的史料来源。

文字史料，包括传世的文献资料，经史子集、档案、方志、族谱、备忘录、传记、年表等等；还有地下发掘出土的带有文字的实物材料，如甲骨文、金文、战国盟书、玺印、简牍、帛书、敦煌文献、吐鲁番文书、历代墓志等等。其中有些本身就是书籍样式（包括典籍和公、私文书），有些不是、甚至文字还很少，但同样具有极高的史料价值。例如玺印文字就是如此。一方边长仅 2.4 厘米、通高 2 厘米的金印，由于上刻“滇王之印”四个篆书白文，震惊学界。这一方面证明了传说中的古滇国的确存在，而且出土地云南晋宁石寨山墓地就是滇王及其亲族的墓地；另一方面，《史记・西南夷列传》上说，汉武帝收服西南，“赐滇王王印，复长其民”，这一记载也得到了实物的证实。小小一枚玺印，却成为云南隶属中央最早的物证，真是“方寸之间，重若千斤”！

图像史料，具体来说，以图画、录音、录像来保存历史内容的资料都属于此类，如古代的岩画、壁画、雕塑、地图等，现代人的照片、绘画、图谱、录音、录像、纪录片等。图像史料为直观研究历史提供了极大便利。（图 1.6）

从史料的来源分类，我们大体可以将其分为传承（世）史料、地下出土史料和田野调查史料。传承史料包括传世的官方、民间文献和个人文字资料，地下出土史料指经考古发掘或发现的文物、遗物、遗迹或遗址，田野调查史料则涵括通过人类学、社会学田野调查方法获得的文字材料、影像材料和口述资料等。

我们可以看到，对史料的分类，也不过是一个相对而非绝对的结果。例如青铜器作为古代遗物，自然是实物史料；但其上铸有铭文，又是文字史料的一种。古代图书也是一样，图书内容是文字史料，但其制作、装帧，又是重要的实物史料。青铜器或是古代图书，从地下出土，当然属于地下出土资料；但如果家传或是其他方式流传至今，就应该归入传承（世）史料的范围了。（图 1.7 ）

图 1.7　上海博物馆馆藏大克鼎

四、“多重证据法”

对于历史研究而言，一切皆可为史料。王国维提出的“二重证据法”，虽然强调了“地下新材料”，但在其实际研究过程中，主要还是指使用地下出土文献（如甲骨文、金文、简牍文书、敦煌写卷等等）与传世文献进行参证。以今天的眼光来看，虽然他已经将史料证据的范围扩大到传世文献以外的范围，但仍然缺漏了其他一些重要史料，如考古学的遗址、无文字的遗物、民族志、口述材料、影像资料等等。

那么，为什么使用“二重证据法”还是能够取得如此巨大的研究成果呢？传世文献与地下实物材料属于不同来源的史料。对于某一特定史实来说，不同来源、不同形式的证据能够构成更为完整的证据链，从而令人更为信服。例如审判二战日本战犯的远东国际军事法庭，受理了 4336 件法庭证书，419 名出庭证人和 779 名证人用供述书和宣誓陈述书作证，其中为了弄清南京大屠杀的事件真相，法庭接受了 100 件以上的书面证词和有关文件，10 名以上亲历目睹此事件的中外证人的口头证言。除了惊心动魄的幸存者证词，美国牧师约翰・马基还提供了一段冒着生命危险拍摄的长达 105 分钟的胶片数据，记录了侵华日军进入南京城后的暴行。另一份重要证据来自纳粹德国驻南京大使馆发给德国外交部的秘密电报，该电报一针见血地指出：“这不是个人的而是整个陆军、即日军本身的残暴和犯罪行为”，日军就是“兽类的集团”。除此之外，当时在南京的他国外交人员、外国传教士、新闻记者等还提供了不少“第三方”证言，包括文件、报道、日记（如时任南京安全区国际委员会主席德国人拉贝的日记、美国传教士魏特林的日记）、信件（时任金陵大学教授的美国人贝德士写给友人的信）等。甚至我们还能从日本军方和外交部的报告、参加过暴行的日本老兵的日记（如《东史郎日记》）、当时的日本报纸报道等加害方资料中，找到相关的证据。正是这些不同来源（中方、日方、第三方）、不同形式（文字材料、口述材料、实物资料等）的史料，共同构成了南京大屠杀不容辩驳的确凿证据！（张效林译：《远东国际军事法庭判决书》，北京，法律出版社，1994 年，第 7 页。）（图 1.8）

既然不同来源、不同形式的证据组合运用，具有如此强大的证明力，为什么我们不在“二重证据”的基础上，进一步扩大史料的范围，将那些不是文字的实物材料，包括文物、遗物和大遗址、图像和影像等，还有来自民间的文书、契约、唱本和普通人的口述记忆……统统纳入我们研究历史的证据范畴呢？

学者们正是这么想的。陈寅恪先生总结王氏之学的特点时，其实已露出“三重证据法”的端倪。后来学者明确提出“三重证据法”，但具体所指，也有不同。饶宗颐和李学勤先生主张将王国维的“纸上之材料”与“地下之新材料”细分为文献记载、考古资料和古文字材料；徐中舒、杨向奎等先生提出在文献和考古资料之外，还应补充民族学资料；王煦华总结其师顾颉刚先生的研究方法时，也强调了“历来相传的古书上的记载、考古发掘的实物材料和民俗学的材料”相结合（王煦华：《一本论述汉代学术与政治关系的名著—读顾颉刚先生的〈秦汉与儒生〉》，《文史知识》，1987年第6期）；宁可先生提倡“文献、考古和现实调查三者的结合互相印证”（宁可：《从“二重证据法”说开去—漫谈历史研究与实物、文献、调查和实验的结合》，《文史哲》，2011年第6期）。叶舒宪则提出了“四重证据法”：把文字训诂考据作为第一证据；出土文献为第二重证据；人类学、民族学的参照材料为第三重；出土或传世的古代文物及图像资料作为第四重证据（叶舒宪：《文学人类学的中国化过程与四重证据法—学术史的回顾及展望》，《社会科学战线》，2011年第6期）。

知识链接 1.2

陈寅恪对王国维学术的总结：

“一曰取地下之实物与纸上之异文互相释证，二曰取异族之故书与吾国之旧籍互相补正，三曰取外来之观念与国有之材料相互参证。”

——陈寅恪：《王静安先生遗书序》

综合各家意见，我们可以看到，无论是王国维首倡的“二重证据法”，还是后人提出的“三/四重证据法”，其内核都是强调历史研究必须采用多重维度的史料证据。“二重证据法”当年就是突破了传统学术单一的“经典互证”、“典籍互证”或是“以经证史”，引入了“出土文献”这一更接近时代原貌的文本史料，并加以论证。原来的传统经典由此也成为论证史实的一重基本证据。后来的“三/四重证据法”则进一步引入文物、图像等古代实物材料，由人类学、民族学等田野调查方法获得的口述材料，还有其他民间文献或实物。由此，史料证据的种类、来源和内容得到了更大的突破和丰富，证明力和解释力也大大增加。

那么，这种以多重维度的史料证据来研究历史的方法，我们今天到底是继续称之为“二重证据法”，还是进一步扩展，称之为“三/四重证据法”呢？

实际上，对于具体研究而言，面对不同课题时，人们所能采用的史料肯定存在各种局限性，如在现当代史研究中，学者可以对大量当事人进行采访调查，甚至可以找到丰富的影像资料，而古代史研究却无这样的便利；相反，中国古

图 1.8　远东国际军事法庭庭审现场

代留下了浩如烟海的传世文献材料，但美洲大陆的印第安人的历史，学者们就只能依仗考古发掘、人类学田野调查的方法来获得资料……正因如此，我们与其纠缠于史料证据到底有“几重”，不如直接把这种通过发掘多重维度的史料证据来进行历史文化研究的方法，统称为“多重证据法”。它的具体做法是：广泛发掘不同来源、不同形式的史料证据，使之相互参证，形成证据链。

五、绕开“陷阱”

事实证明，“多重证据法”在历史研究中，具有强大的生命力。例如四川成都三星堆文化遗址出土了大量文物，历史学家饶宗颐先生即根据它们，重新对商代甲骨卜辞中出现的“邛方”进行审视，考察其与商王往来的活动记载以及与西北诸国部族往来的活动迹象，最终证明“邛方”是商王朝在西南地区的劲敌，属于蜀地岷江上游区域的一个部族。饶先生又发现一种古老的文物牙璋，其分布范围极广，东濒黄海，南至交趾及闽、粤海隅。从这一现象出发，饶先生论证商代文化远播西南地区，《淮南子·泰族训》上提到商人的疆土“左东海，右流沙，前交趾，后幽都”，不是没有道理的。（饶宗颐：《饶宗颐新出土文献论证·殷周史地丛考·古史重建与地域扩张问题》，沈建华编，上海，上海古籍出版社，2015 年。）

广泛而多重维度的史料证据在历史研究中作用如此重大，无怪傅斯年先生在当年发表的《历史语言研究所工作之旨趣》中说：“凡一种学问能扩张它研究的材料便进步，不能的便退步。”他又说：“材料愈扩充，学问愈进步。”学者不但应该“地方上求材料，刻文上求材料，档案中求材料，传说中求材料”，还要“去学曹操设‘发冢校尉’，求出一部古史于地下遗物”。总而言之，新时代的研究者应该不断发掘新的史料，“上穷碧落下黄泉，动手动脚找东西！”

史家小史 1.4

傅斯年（1896—1950），字孟真，山东聊城人，著名历史学家、古典文学研究专家。1928 年，受蔡元培先生之聘，筹立中央研究院历史语言研究所，任专职研究员兼所长，创办《历史语言研究所集刊》，任主编。他深受德国兰克学派影响，主张“史料即史学”，鼓励学人运用新材料、新方法研究历史，对中国近代科学考古和历史学研究贡献卓著。

不过，在使用“多重证据法”进行研究时，我们还需小心绕开一些“陷阱”。事实上，史料不是越多越好。我们需要对各种史料进行辨别，首先是“真”、“伪”之判。考古发现的地下出土资料一向被视作“科学”、“严谨”、值得信赖的史料，但 2000 年日本旧石器考古界揭批出来的造假丑闻，却向我们敲响了警钟。日本著名考古学家、时任日本东北旧石器文化研究所副理事长的藤村新一，将自己打造过的石器埋入地下、之后再由自己发掘出来，由此号称发现了日本“数万、数十万年前的石器”，从而宣布日本列岛的人类史可以追溯到 70 万年前……这一事件被《每日新闻》揭露后，震惊学界。建立在虚假材料基础上的结论，自然是完全站不住脚的。现在出现的不少新材料，还不是科学发掘（现）的成果，更应得到仔细研究和辨别。比如说，当历史学家刚刚到乡间找寻家谱、账簿、旧契约等民间文献时，几乎没有人认为那些破烂发黄发霉的纸片有什么用处；而现在，一份家谱动辄叫价几千、上万元，造假者也就有了十足的驱动力。这也对新史料的发现者提出了更高要求：他们必须练就一双能够辨别真伪的“火眼金睛”。（图 1.9）

其次，在使用史料作为证据时，我们应该注意精择那些来源不同、存在形式差异的证据，以体现史料的“多重维度”；还要考虑该史料作为证据的证明力层次，毕竟有些史料是二手资料，只可以作为旁证或间接证据。在研究上古史时，很多学者会引用人类学或民族学调查的材料，如我国凉山彝族的家支和

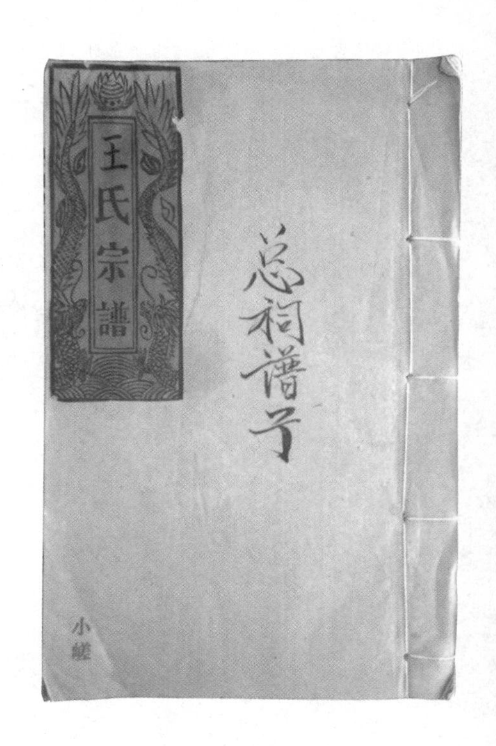

图 1.9　温州地区《王氏宗谱：总祠谱子》

奴隶制度。尽管这些资料能够给我们理解古代社会的土地制度、社会组织等内容提供某种程度上的参照，但它们却无法直接证明古代社会的真实面貌。这也是研究者和读者需要清醒认识的。

再者，我们还应承认，任何一种史料都有其局限性。例如实物和图像资料，它们的优点是能够直观地展现某段历史，具有客观性和稳定性。但其不足也很突出，它们是“哑巴材料”，由于本身没有文字言辞的辅助，其意义和证明力必然只能通过研究者的解释来加以呈现。近年来，“以图证史”很受欢迎，不过一些作者有时过分强调了图像的写实性，却忽略了古代图像中常有的程式性内容，也容易造成错误解释。例如清人绘画中的士人形象，大多博衣广袖、束发葛巾，如果我们以此为据，以为清人都是这般模样，岂不大错特错了？

文字材料也有局限性。哪怕是历史事件亲历者的回忆，都可能存在瑕疵。人的记忆可信又不可信，除了由于时代久远产生的失记、误记，在描述时，还无可避免会带上回忆者的主观色彩。人们往往会对自己曾经的错误避而不谈、轻描淡写、转移重点、张冠李戴，由此留下的自传、回忆等资料，便亟需研究者审慎对待，多方论证。也正因为任意一种史料都有其局限性，历史研究采用“多重维度的证据”的这种“多重证据法”才更显其必要。

Porta
Pinciana
Horti
T.Florae
Forum
Suarium
Castra
Praeto
Thermae
Constantini
T.Quirini
Horti
T.Neptuni
Thermae
Agrippae
T.Minervae
Isidis et Serapis
T.Iunonis
Lucinae
Port.Philippi
Port.Octaviae
T.Telluris
Liviae
Castellum
aquae
Thermae
Philippi
Rupes
Tarpeia
Domus Aurea Neronis
Circus Maximus
Vectiliana
T.Divi
Claudii
Clivus Scauri
T.Lunae
T.Florae
T.Bonae Deae
Dom.
Lateranorum
Rauduscuiana
Latina

第二部分

历史文化的视野

历史是一个文化复合体，至少包含着时间、空间、个体、诠释与书写等五个要素。它们都是历史教育的重要内容。历史时间既是一种历时性的自然呈现，又蕴含着人类对社会演进的主观界分。所有的历史行动都发生在某类空间内，而地理上的延续性又让各类空间事实上纠结在一起，为历史现象赋予了丰富的空间意义。每个曾经生活在世间的人都是历史中的行动者，但引起人们关注的历史个体却不外乎是那些极具类型学意义的人，他们代表着人类的生存智慧与行动范式。历史学是一门基于叙事的诠释学科，它向人们展示的是一种或多种因果联系，表达了研究者的学术抱负与价值立场。当然，任何历史表述都将通过某种书写方式来加以呈现，它或是文字的，或是图像的，或是表演的。

第二章　历史时间

肖琦

引子

“公元1587年，在中国为明万历十五年，论干支则为丁亥，属猪。当日四海升平，全年并无大事可叙，纵是气候有点反常，夏季北京缺雨，五六月间时疫流行，旱情延及山东，南直隶却又因降雨过多而患水，入秋之后山西有地震，但这种小灾小患，以我国幅员之大，似乎年年在所不免。只要小事未酿成大灾，也就无关宏旨。总之，在历史上，万历十五年实为平平淡淡的一年。”

“1587年，在西欧历史上为西班牙舰队全部出动征英的前一年。”

——黄仁宇：《万历十五年》，北京，生活·读书·新知三联书店，2002年，第1页。（图2.1）

以上是黄仁宇先生在《万历十五年》的开篇中说到的两件事。它们之间看起来似乎没有任何关联。唯一的交集在第一句话上已经点明，那就是公元1587年，为中国明朝的万历十五年。为什么时间和时间之间可以互相换算？桃花源中“不知有汉，无论魏晋”的人们，是否又生活在另一个时间中呢？

时间是否真正存在，或以什么样的方式存在？这是困扰了许多物理学家的一个难题。牛顿的一大贡献在于他提出了“绝对时间”的观点，认为运动随时间而变化。爱因斯坦的“相对时间”又揭示了时间如何随运动而变化的规律，推翻了牛顿的结论，从而引发了物理学上的大变革。根据相对论，一个对象相对于另一对象移动的速度，会使它的时间在另外一个对象的观测中加快或减慢！物理学家们还可以假设，在我们所处的时空之外，另有一个平行的时空，也许现代人真的可以穿越回古代去！

图 2.1 《万历十五年》

知识链接 2.1

绝对时间和相对时间：

“经典物理学的时间概念。牛顿在《自然哲学的数学原理》中提出，认为绝对的、真正的和数学的时间自身在流逝着，而且由于其本性，永远均匀地、恒定地流逝着，与物质运动的性质没有内在联系；时间只是从外部描述运动的一个几何参量，时间是对称的，没有方向，未来与过去等价。爱因斯坦“相对论”的建立，排除了牛顿的绝对时间。”

—— 余源培等编：《哲学辞典》，上海，上海辞书出版社，2009 年。

心理时间——如“度日如年”这一成语所言，实际上只过了一天的时间，但心理感觉上却像过了一年那么长——强调的是人的一种个体的心理感知。此外还存在着文学上的时间、社会学上的时间等等。

时间可能是世界上最神秘的东西之一。它看不见也摸不着，但又无处不在。时间是事物存在的最根本方式和坐标之一，也是人类认识社会历史最重要的尺度和方法。那么历史和时间之间又有着怎样的关系呢？

一、历史上的纪时

时间是人类认识社会历史最重要的尺度和方法，这首先体现在时间的度量和记载上。在中国古代文献中表时间的“纪”字为例，当它做名词时，与历法、年代学密切相关。《尚书・洪范》中说：“五纪，一曰岁，二曰日，三曰月，四曰星辰，五曰历数。”“纪”做动词时，则有记录记载的意思。纪年、纪月、纪日都属于天时方面的内容。

在计算时间间隔方面，古人除了会结合天象的观察来做出时段划分之外，也会借助一些器皿来计量时刻，这就是器皿计时。对日期的度量和编排推算则导致了历法的产生。历法与天象息息相关，属于天文学的范畴。纪年是纪录年代顺序的方法，属于人文的范畴。广义的纪时概念应该包括以上所有方面。

1. 时间间隔的度量

在对时间间隔的度量上，既有自然主义的时间度量，也有精确的科学时间计算。自然主义的时间测量与古代人们对天象的观察，与日月星辰的变化有关。“日出而作，日落而息”，“月有阴晴圆缺”，“春种、夏长、秋收、冬藏”分别对应的是人们对日、月与四季交替的认知。古人认为宇宙间万事万物的生长和消逝都要遵循着自然的规律，都和时间紧密相关。

为了能够较为明晰地观察时间，古人发明了一些仪器，其中最具代表性的就是日晷。其原理就是利用太阳的投影方向来测定并划分时刻，由晷针和晷面组成。太阳照射下的晷针在晷面留下影子。早晨，影子投向晷面西端的卯时附近。当太阳达正南最高位置时，针影位于正北（下）方，指示着当地的午时正时刻。午后，太阳西移，日影东斜，依次指向未、申、酉各个时辰。日晷计时是人类在天文计时领域的重大发明，被沿用几千年之久。（图 2.2）

碰到阴天、雨天或夜间，没有太阳的时候，怎么计时呢？古人还有沙漏、滴漏等计时工具。它们在有太阳的时候也可以使用。至于夜间，城里有打更报时，乡间有鸡鸣报时。古代故事中常见的“一炷香”的说法表明燃香也可以成为人们的时间参照工具。总之，在自然界，许多有周期性的运动都可以作为测量时间的标准。可见古代自然主义的时间测量大多依赖于自然的方法和参照系。

后来，随着科学发展和人们对自然的认知水平不断提高，时间计算变得越来越精确，人类逐渐进入精确计算时间的科学时代。各种计时工具也层出不穷。仅时钟就从摆钟发展到了机械钟、石英钟，甚至原子钟。原子钟以原子共振频率标准来计算及保持时间的准确性，每数百万年误差只有 1 秒，是世界上已知最准确的时间测量和频率标准，也是国际时间和频率转换的基准，用来控制电

图 2.2　卡彭堡日晷

图 2.3　铜镀金转水法三面人物打乐钟

视广播和全球定位系统卫星的讯号。（图 2.3 ）

近现代以来，在时间间隔上，时间计量已从天文学领域过渡到物理学领域。但在日期上，时间计量仍然同天文学，即日月星辰的变化息息相关，这就是历法的由来。

2. 历法

历法是根据天象变化的规律所制定的计时系统方法，亦即根据太阳、地球、月亮三者相互运动的规律，以判别季节、记载时日、确定计时标准的法则。历法一般包括年月日的配合，岁首和节气的确定，日月的编排推算等。它必须符合天体运行的规律，便于人们安排各项活动。现在世界上主要的历法有阳历、阴历和阴阳历三种。

阳历即太阳历，主要是把地球绕太阳一周的时间设定为一年。现在国际通用的公历就是太阳历的一种。公历又叫格里历，是教皇格里高利十三世于1582 年颁布的。它把 365 天定为 1 年，每 4 年多 1 天，为了调整这个差异，将一年分成为 1、3、5、7、8、10、12 月为 31 日，4、6、9、11 月为 30 日，2 月为 28 日，2 月 29 日为四年一次的调整日差日。把多出来的这 1 天放到 2 月中去，即每 4 年为 1 个闰年，闰年 366 天。每满百年少闰 1 次，到第 400 年再闰，即每 400 年中有 97 个闰年。格里历完全不考虑月亮的运动周期情况，而是主观地把一年进行切分。但由于它内容比较简洁，便于记忆，而且精度较高，与天时符合较好，因此大多数政府都采用它。

阴历又称月亮历，或称太阴历，主要指按月亮的月相周期来安排的历法。以月球绕行地球一周为一月，人们称之为一个“朔望月”。朔望月的长度是 29 日 12 小时 44 分 2.8 秒，一年为 12 个朔望月，大月 30 天，小月 29 天。一年只有 354 天或 355 天，比阳历年短 10 日或 11 日多，所以阴历新年，有时是冬天，有时是夏天。伊斯兰历就是阴历的一种。

阴阳历是调和太阳、地球、月亮的运转周期的历法。它规定 1 年有 12 个朔望月，过若干年安置一个闰月，使年的平均值大约等于一个阳历的回归年。这是一种综合阴、阳历优点的历法，所以又叫阴阳合历。以色列的犹太历、藏族的藏历、傣族的傣历，还有日本、朝鲜曾经使用过的一些历法都属于阴阳历。

据统计，中国历史上一共产生过 102 部历法，包括夏历、商历、周历、西汉太初历、汉太初历、隋唐大衍历和皇极历等。1912 年后，中国采用公历纪月纪日。1949 年中华人民共和国成立后，采用公历纪年。但民间仍然盛行传统的农历干支纪年法。干支纪年法是阴阳合历的一种。我国自古便有十天干与十二地支，简称“干支”，取义于树木的干和枝。天干与地支早在殷商就有记载。天干用来纪日，地支用来纪月，还可以纪时。纪时时称为十二辰纪时法。是沿天赤道从东向西将周天等分为十二个部分，用地平方位中的十二支名称来表示，即：子、丑、寅、卯、辰、巳、午、未、申、酉、戌、亥。十二辰纪时与现在 24 小时的对应关系如下表：

时辰	子	丑	寅	卯	辰	巳	午	未	申	酉	戌	亥
小时	23-1	1-3	3-5	5-7	7-9	9-11	11-13	13-15	15-17	17-19	19-21	21-23

古人认为，每个时辰就应当做每个时辰的事情，要顺应天时，做到“天人合一”。比如《黄帝内经》中说要睡子午觉，因为子时和午时是阴气与阳气最盛之时，“阳气尽则卧，阴气尽则寤”，所以这两个时辰最适合睡眠。

知识链接 2.2

《黄帝内经》:

相传为黄帝所作，因以为名。但后世较为公认此书最终成型于西汉，作者亦非一人，而是由中国历代黄老医家传承增补发展创作而来。《素问》重点论述了脏腑、经络、病因、病机、病证、诊法、治疗原则以及针灸等内容。分《灵枢》、《素问》两部分，《灵枢》是《素问》不可分割的姊妹篇，内容与之大体相同。除了论述脏腑功能、病因、病机之外，还重点阐述了经络腧穴、针具、刺法及治疗原则等。《黄帝内经》代表了当时医学理论水平，注重以自然哲学的思维来解释自然科学问题的理论假说。

在十二辰纪时法之外，干支纪年法中，尤以纪年的影响最大。十日为一旬，三旬为一月，十二月为一年。

十天干:　甲 1　乙 2　丙 3　丁 4　戊 5
　　　　己 6　庚 7　辛 8　壬 9　癸 10

十二地支:　子 1　丑 2　寅 3　卯 4
　　　　辰 5　巳 6　午 7　未 8
　　　　申 9　酉 10　戌 11　亥 12

天干与地支的组合原则是阳归阳，阴归阴，即同性相配。古人习惯将数分阴阳，阳数为单，阴数为双。因此，1、3、5、7、9 被规定为阳数，2、4、6、

1	甲子	13	丙子	25	戊子	37	庚子	49	壬子
2	乙丑	14	丁丑	26	己丑	38	辛丑	50	癸丑
3	丙寅	15	戊寅	27	庚寅	39	壬寅	51	甲寅
4	丁卯	16	己卯	28	辛卯	40	癸卯	52	乙卯
5	戊辰	17	庚辰	29	壬辰	41	甲辰	53	丙辰
6	己巳	18	辛巳	30	癸巳	42	乙巳	54	丁巳
7	庚午	19	壬午	31	甲午	43	丙午	55	戊午
8	辛未	20	癸未	32	乙未	44	丁未	56	己未
9	壬申	21	甲申	33	丙申	45	戊申	57	庚申
10	癸酉	22	乙酉	34	丁酉	46	己酉	58	辛酉
11	甲戌	23	丙戌	35	戊戌	47	庚戌	59	壬戌
12	乙亥	24	丁亥	36	己亥	48	辛亥	60	癸亥

8、10 被规定为阴数。那么天干地支就有 60 种组合，如下：

这就是六十甲子表，也就是我们所说的六十年一个轮回的由来。事实上，日月星辰运行的速度从来不是匀速的，一月并非30日整，一年也并非360日整。所以有人将六十甲子表的设定视作古人理性（“凑整数”）的表现，如顾炎武就认为，古人为“简洁”而定六十甲子；郭沫若也说六十甲子是古人“故意”的产物。（刘康德：《天干地支纵横谈》（上），载 2014 年 8 月 10 日《新民晚报》，第 B7 版。）

历法是古人结合天象观察和生活经验来制定的，如果说有时为了计算的方便和使用的方便而略显“故意”的话，那么这更为“故意”，掺杂了最多主观意味的，则当属纪年法无疑。

3. 纪年法

纪年法和历法是两个概念。前面说过，历法在于“制订”，而纪年法在于“纪录”。历法属于天文，纪年法属于人文。历法有阳历、阴历和阴阳历三种，而纪年法则随着社会的发展不断变化。我国历史上的纪年法就有 20 多种。

当然，历法和纪年法也是有联系的。首先，纪年法是在历法的基础上产生和发展的。其次，一种纪年法有时只适用于一种历法，如公元纪年法之于格里高利历，回历纪年法之于阴历，干支纪年法之于阴阳合历。再者，同一种历法也可以有不同的纪年法。（戴兴华：《我国的纪年纪月纪日法》，合肥，安徽教育出版社，2007 年，第 11—12 页。）1912 年中华民国政府成立，孙中山宣布使用国际通用的格里高利历（即公历），但纪年却使用了民国纪年。因而 1912 年为民国元年。中华人民共和国成立后沿用了公历，但在纪年上却改用了公元纪年法。

世界上主要的纪年法有公元纪年法、回历纪年法、佛历纪年法、帝王纪年法、年号纪年法、开国纪年法等。现在国际上通用的公历格里历是 1582 年颁布的，其前身儒略历产生于公元前 59 年的古罗马。但是公元纪年法却要到公元 532 年才确定。在此之前，欧洲各个信奉基督教的国家都用的是儒略历，不过各国纪年却是很混乱的。著名僧侣狄奥尼西经过联想和推算，判定耶稣诞生于狄奥克列颠纪元前的 284 年。他还建议信奉基督教各国统一纪年方法，都以耶稣降生那一年为公元元年。格里高利历制订时，继续采用了这种纪年法。狄奥尼西确定耶稣降生之年为公元元年的那一年正好是公元 532 年，也就是说公元元年至公元 532 年之前的纪年都是后人逆推出来的，实际生活中并没有用过。公元元年之前的纪年，称为公元前某某年，也无一不是推算的结果。

知识链接 2.3

狄奥克列颠纪元：狄奥克列颠纪元法是古罗马用罗马统治者狄奥克列颠称帝时作为纪年开始的一种纪年法。（狄奥克列颠元年合为公元 284 年。）

回历纪年法是伊斯兰教世界所使用的纪年法，它以伊斯兰教创始者穆罕默德为避难而迁徙到麦地那城那年为回历纪元元年，并定公历公元 622 年 7 月 16 日为回历元旦。回历与公历之间有换算公式，如回历 1420 年元旦对应的是公历 1999 年 4 月 17 日。（戴兴华：《两千三百年中西历谱》，北京，气象出版社，2008 年，第 16、127 页。）（图 2.4）

佛历纪年法是佛教内以佛祖释迦牟尼逝世那年为元年的纪元方法。关于释迦牟尼涅槃于哪一年，佛教界和学术界有几种不同的说法。佛教内部统一规定以公元前 543 年为佛历元年。2017 年是佛历 2561 年。

帝王纪年或王位纪年法，是以君主继立为序的历史纪年系统。以新君王即位之年或次年为元年，每易一君便改元一次或数次，以新元为基础重新累计年数表年。《左传》、《国语》中常出现鲁隐公元年、晋鄂侯 2 年、鲁庄公 10 年等就是王位纪年。在中国这一纪年法主要存在于先秦时期。现在世界各国中使用这一纪年法的国家并不多。日本在使用公元纪年法之外，保留了帝王纪年。现任日本天皇明仁天皇 1989 年继位，年号平成，因而 1989 年为平成元年，2017 年为平成 29 年。

中国从汉武帝到清末的两千年间都使用年号纪年。这是以帝王在位期间所用的年号来纪年的方法。一位帝王在位期间可以有多个年号，到明清时期，基本上都是一帝一年号。早期日本天皇跟中国一样，一位天皇可有多个年号。自明治维新后，天皇在位期间使用单一年号，如大正、昭和等。在中国历史研究中，比较麻烦的是，有些皇帝之外的人也使用年号，如王莽篡权，使用了天凤、地皇等年号，李自成起义后使用了永昌年号。相反，有的皇帝却没有年号，或直接沿用了前任皇帝的年号。有时一年中帝王更迭频繁，使用了几个年号。还有的年号被重复使用等。这些都是在研究中国历史时需要加以注意的。

知识链接 2.4

年号、谥号、庙号：

年号是中国皇帝纪年的名号，西汉武帝首创。以后每个朝代的每一个新君即位，必须改变年号，叫做改元。明朝以前，皇帝每遇军国大事或重大祥瑞灾异，常常改元。明朝自第一代皇帝朱元璋开始，包括明、清两代，每一个皇帝不论在位时间长短，只用一个年号。

谥号是后人根据死者生前事迹评定的一种称号，有褒贬之意。帝王之谥，由礼官议上；臣属之谥，由朝廷赐与。帝王将相之谥在西周时即已出现。秦时曾一度废除，汉代恢复，直至清末。私谥可能始于东汉，或谓春秋时期已有。

庙号始于西汉，止于清朝，是皇帝死后，在太庙立室奉祀时的名号。一般开国的皇帝称祖，后继者称宗，也有个别朝代前几个皇帝皆称祖。隋以前，只有文治武功和德行卓著者方可入庙奉祀。唐以后，每个皇帝才都有了庙号。

二、历史与时间

在梳理了时间这一概念的内涵，对时间度量有了一定程度的了解后，我们来考察一下人类社会的历史与时间之间的关联。

在西方，多数语言的“历史”一词源出自古希腊语：ἱστορία（historia），原义为“调查、探究、知识”，古希腊作家希罗多德的《历史》（Historia）一书即以此为名。1880 年的《大英百科全书》中写道：“历史一词在使用中有两种完全不同的含义：第一，指构成人类往事的事件和行动；第二，指对此种往事的记述及其研究模式。前者是实际发生的事情，后者是对发生的事件进行的研究和描述。”

“历史”的含义在中文里最早仅用“史”一字代表。甲骨文中“史”字与“事”相似，指事件。许慎《说文解字》说：“史，记事者也；从又持中，中，正也。”明治维新后，日本学者将“历史”一词来翻译英语“history”。1890 年代前后，历史这个名词在中国开始被明确当作历史事件来使用。在今天的《现代汉语词典》中，历史这一词条有四层意思：“1. 自然界和人类社会的发展过程，也指某种事物的发展过程和个人的经历。2. 过去的事实。3. 过去事实的记载。4. 指历史学。”在此，《大英百科全书》中的第一层意思与《现代汉语词典》当中的第一层意思是吻合的。我们的考察也针对这第一层意思来展开。（图 2.5）

既然历史是自然界和人类社会的发展过程，而时间又是人类认识自己的重要坐标和参照物，那么历史就与时间有着千丝万缕的联系。可以说，对历史中的时间的认识，就是一种历史的观念，一种对历史的看法，对历史的走向和发展规律（如果存在的话）的认识。

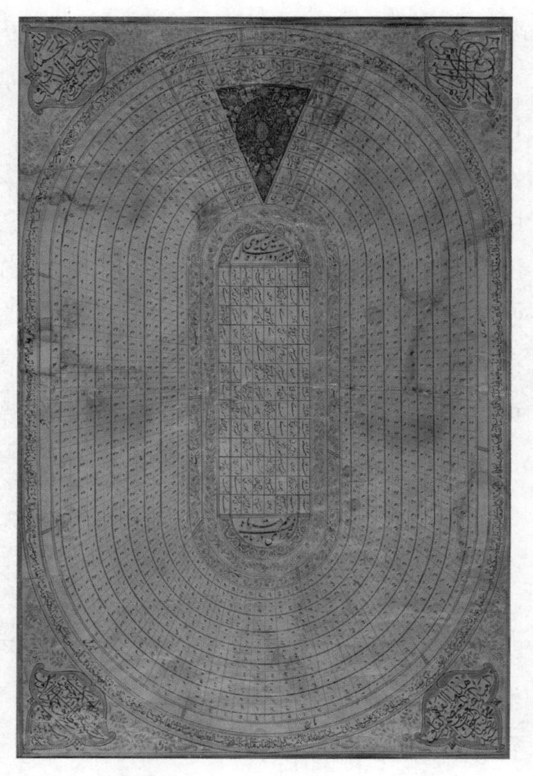

图 2.4　伊斯兰历

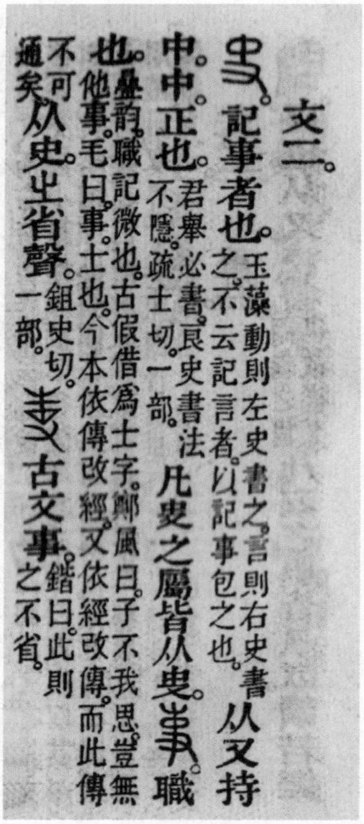

文二。
史 記事者也。玉藻動則左史書之。言則右史書之。不云記言者。以記事包之也。从又持中。中。正也。君舉必書。良史書法不隱。疏士切。一部。凡史之屬皆从史。
事 職也。疊韵。職記微也。古假借爲士字。鄭風曰。子不我思。豈無他事。毛曰。事士也。今本依傳改經。又依經改傳。而此傳不可通矣。从史之省聲。鉏史切。一部。
𤕌 古文事。鍇曰。此則之不省。

图 2.5　说文解字中的“史”字

人类社会发展至今，有两种产生过较大影响的时间观念：循环时间观和线性时间观。

1. 循环时间观

循环时间观是人类先民在日常生产和劳作中所产生的对历史和时间的认识。文化人类学家埃里阿德在其名著《宇宙与历史——永恒复归的神话》（*Cosmos and History, the Myth of the Eternal Return*, Harper & Brothers, 1959）中，仔细考察了包括埃及、巴比伦、印度、中国、玛雅在内的古代文明和原始文化，认为它们普遍存在着循环观念。循环时间观认为，时间是一个循环的圆圈，它会按照自然规律，循环往复，周而复始。正如太阳东升西落，四季交替轮回一样，“历史总是惊人地相似”，大概说的就是这个道理。天道循环，阴阳消长。《易经》讲“盛衰相继”、“否极泰来”。正因为天人相通，中国古代先人们常做的，就是道法自然，按照自然规律起居劳作，繁衍生息，生死轮回。“夫大人者，与天地合其德，与日月合其明，与四时合其序，与鬼神合其吉凶，先天而天弗违，后天而奉天时。”而如果不顺应天时的话，也会受到“天”的惩戒。“故诛暴则多飘风，枉法令则多虫螟。杀不辜则国赤地，令不收则多淫雨。”（吴国盛：《时间的观念》，北京，北京大学出版社，2006年，第53、36页。）

在古代西方，许多古希腊哲学家都信奉“永恒循环”的学说。哲学家、数学家毕达哥拉斯及其学派主张，“灵魂是个不朽的东西，它可以转变成别种生物；其次，凡是存在的事物，都要在某种循环里再生，没有什么东西是绝对新的；一切生来具有生命的东西都应该认为是亲属。”（罗素：《西方哲学史》（上），何兆武、李约瑟译，北京，商务出版社，2004年，第59页。）恩培多克勒教导说，“世界是在循环交替中产生和消亡。”他认为万物的本原有四个：水、火、气和土。“火、水、土和极高的气……所有这些都是相等的，有着同样的寿命，但是每一种都有不同的能力，有它自己的特性，它们依次在时间的循环中，占据优势。”（文德尔班：《哲学史教程》（上），罗达仁译，北京，商务印书馆，1997年，第77页。）

古罗马时代的著名历史学家塔西佗，也认为历史是循环的。他在《编年史》这本著作中写道：“万事万物，不管是道德的变迁还是季节的变迁，都存在着一种循环往复。在我们之前的古代，事情确乎并不是样样比我们的好；我们自己的时代也产生了不少道德上的和文学艺术上的典范可供我们的后人模仿。但无论如何，我们今天和我们的古代的这种有益的竞赛将永世进行下去！”（塔西佗：《编年史》，王以铸，崔妙因译，北京，商务印书馆，1981年，第3、55页。）

在古希腊罗马时期，与占据主导地位的循环史观相对应的，则是时间观念的淡泊。虽然历史学诞生于古希腊时期，但当时的两位著名历史学家，一位是《历史》的作者、被称为历史学之父的希罗多德，另一位是《伯罗奔尼撒战争史》的作者修昔底德，却都不认为在对事件的调查和研究中，时间具有十分重要的地位。他们记述的只是当下发生的事情，而缺乏更长远的历史的眼光和时间的观念，因为循环是永恒的。

知识链接 2.5

塔西佗（Tacitus，约55—120）：是古代罗马最伟大的历史学家，代表了罗马史学发展的最高成就。代表作有《演说家对话录》、《阿格里可拉传》、《日耳曼尼亚志》、《历史》、《编年史》。主张“抽离自我，超然物外”的客观主义写史原则，强调历史著作的立意应当有所褒贬、以此来促进个人和公共道德水平的提高。

在人类各文明中，时间观念最淡薄的大概是印度。在印度的文献资料中，很少有历史著作。在仅有的历史作品里，历史往往也跟神话混在一起，对时间的记载是含糊不清的。当中国人可能在为了某件历史事件是发生在公元 328 年还是公元 327 年而争执不休时，印度人就会感到不可理解。因为印度纪年或是按一两千年来纪的。所以马克思说“印度社会根本没有历史，至少没有为人所知的那种历史。”（[德]马克思、恩格斯：《马克思恩格斯全集》第 12 卷，北京，人民出版社，1998 年，第 246 页。）

值得注意的是印度人的这种淡薄的历史观念与他们的循环时间观有关。印度是佛教的发源地，佛教中的六道轮回就是一种典型的循环时间观。六道分为三善道和三恶道。三善道为天道、人间道、修罗道；三恶道为畜生道、饿鬼道、地狱道。六道是众生轮回之道途。它认为一切有生命的东西，如不寻求“解脱”，就永远在“六道”中生死相续，永久轮回。而佛教可以提供修行的方式，来超

图 2.6　大足石刻轮回图

脱这无尽的轮回，出离生死，入于涅槃。（图 2.6）

佛教的这种六道轮回又受到了另一种古老的印度宗教——婆罗门教的影响。婆罗门教讲业报轮回。婆罗门教认为，生死轮回的根源，来自于业。业是行为善恶的造作，业分身（行动）、口（言语）、意（思想）三类，也就是人的一切身心活动。《歌者奥义书》里说，此世行善者将得善生：或成为婆罗门，或生为刹帝利，或生为吠舍。此世行恶者将得恶生：或生为狗，或生为猪，或生为贱民。

面对这种淡薄的历史观念，马克思总结说，“印度没有历史”。“没有历史”本质上是指不发生变化，性质不变。这些自给自足的公社不断地按照同一形式把自己再生产出来。当它们偶然遇到破坏时，会在同一地点以同一名称再建立起来。这种公社的简单的生产机体，为揭示下面这个秘密提供了一把钥匙：“亚洲各国不断瓦解，不断重建和经常改朝换代，与此截然相反，亚洲的社会却没有变化。”（[德]马克思、恩格斯：《马克思恩格斯全集》第 44 卷，北京，人民出版社，2001 年，第 388 页。）

知识链接 2.6

卡尔·马克思（1818 — 1883）：马克思主义的创始人之一，第一国际的组织者和领导者，被称为全世界无产阶级和劳动人民的伟大导师。无产阶级的精神领袖，国际共产主义运动的先驱。伟大的思想家、政治家、哲学家、经济学家、革命家、社会学家。主要著作有《资本论》、《共产党宣言》。

2. 线性时间观

与以上所说的循环时间观相对的，是线性时间观。线性时间观与犹太教、基督教的学说密不可分。犹太人千百年来一直在孜孜以求地寻找家园，对于他们来说，生活更多的是在时间而非空间中展开的。这个时间就是《圣经》的《旧约全书》中的历史。《旧约全书》是犹太教和基督教共同信奉的经典。在其中《创世纪》一篇中，人类历史的发端被清晰地规定下来。等到基督教中的上帝作为全人类的救世主这一观念引入后，时间更被赋予了一种普世性。耶稣的诞生，令过去和将来都找到了自己的分水岭。（图 2.7）

在“原罪”、“救赎”这些概念的框架下，基督徒的生活有了一个明确的方向，未来就在那里，或是天堂或是炼狱。而这一终点最终取决于基督徒在尘世中的修行。在世界终结前，上帝和耶稣将要对世人进行末日审判。凡信仰上帝和耶

图 2.7　十字架上的基督

稣基督并行善者可升入天堂，不得救赎者下地狱受刑罚。（图 2.8）基督徒的未来是可创造、充满希望的。如果时间是循环的，那么耶稣的死，他为人类所受的难就失去了意义，人类也不会有对耶稣的爱。基督教神学家们为坚持线性时间观，驳斥循环时间观做了大量著书立说的工作。在《上帝之城》的作者奥古斯丁看来，关于历史的循环理论是不可思议的。“真正的信念，完全不是我们应当凭所罗门的这些话相信他们（异教哲学家们）所设想的那些循环的意思。他们认为那些循环是时代和暂时性事物重复地作同样的轮转，因此有人就会说，正像哲学家柏拉图在这个时代坐在雅典城内被称为‘学园’的学校里给他的学生们讲课一样，在过去的无数年代里，往往有同样的柏拉图和同样的城市以及同样的学校和同样的学生重复出现，而在未来的无数年代里，也必然要重复出现这一切。我说，上帝不许我们轻信这种胡言！基督死了，由于我们的罪恶，永远死了。”（吴国盛：《时间的观念》，北京，北京大学出版社，2006 年，第 78 页。）

知识链接 2.7

奥古斯丁（亦作希坡的奥古斯丁，天主教译“圣思定”、“圣奥斯定”、“圣奥古斯丁”，354 — 430）：古罗马帝国时期天主教思想家，欧洲中世纪

图 2.8　末日审判

基督教神学、教父哲学的重要代表人物。在罗马天主教系统，他被封为圣人和圣师，并且是奥斯定会的发起人。对于新教教会，特别是加尔文主义，他的理论是宗教改革的救赎和恩典思想的源头。著有《忏悔录》、《论三位一体》、《上帝之城》、《论自由意志》、《论美与适合》等，被誉为神学百科全书。

17—18 世纪以来，随着科学革命的展开，启蒙运动的兴起，对时间线性发展的认知几乎成了时代精神的指向。现代的时间转瞬即逝，不可逆转。它产生出不可化约为“以前”的“以后”。这是一种丰富多产的时间，它富含新生事物，从不自我重复，因此所有时刻都是独一无二的。科学革命影响最深远的是其所倡导的一种科学精神和科学方法，这种科学精神是经验主义、机械哲学和数学的集合。科学革命极大地促进了启蒙运动的兴起，相信科学就是相信理性。而启蒙运动则进一步把人类对理性和进步的信仰推到了极致。

1688 年，在文学史上著名的“古今之争”中，坚定地站在现代派阵营里的法国思想家丰特奈尔称：“人类将永远不会堕落，彼此继承的所有清明头脑的健全见识将累积起来，永无止境。”（安托万·普罗斯特：《历史学十二讲》，王春华译，北京，北京大学出版社，2013 年，第 95—96 页。）他提出，人类思维已经经历了幼年期和青年期。其成熟期开始于奥古斯都时代。野蛮人在文艺复兴之前一直控制着其发展进程。17 世纪，人类在经过笛卡尔的启蒙哲学之后超越了自己在奥古斯都时代已经达到过的发展阶段，而 18 世纪又将超越 17 世纪……与个体不同的是，“由全部时代构成的”人类总是在不断地增益，而非减损。成熟时代将无限延续，因为人类是一种前进的成熟，而非静止的成熟。后来的时代总会胜于早期的时代，因为进步是“人类思维构造过程中的一种自然而必然的结果。”（约翰·伯瑞：《进步的观念》，范祥涛译，上海，上海三联书店，2005 年，第 90 页。）

知识链接 2.8

古今之争：17 世纪八九十年代，法国文学界发生了一场古今之争，争论的核心问题是作家应该学习古人还是学习今人？古今之争说明法国民族意识增强了，不能忍受古人比今人优越的观点，同时又是文学自由倾向的表现，诗人、作家不再接受古典清规戒律的束缚，要求创作有更大的自由。

—— 王永鸿、周成华主编：《西方艺术千问》，西安，三秦出版社，2012 年，第 125 页。

同为法国启蒙思想家的杜尔哥对进步史观也有着自己的独到见解。他认为普遍历史就是人类作为一个巨大的整体稳步发展的进步，虽然进步缓慢，但总是在经历了平静和动荡的交替时期之后达到更高的完美。整个大众的各种各样的组成单位并非以同样的步伐向前运动，因为自然所施与的天赋并非不偏不倚的。有些人拥有别人所不具有的才能，且自然的施与有时在环境中得到发展，有时又深深地隐藏起来。各民族前进的不均衡性是由环境的无限差异造成的。但是杜尔哥与他同代人的不同之处在于，他并不认为人类社会的发展是由人类的理性所引导的，而是受到突发激情和勃勃雄心的引导，从而具有很多的偶然性。所以他的结论是，如果没有非理性和不公正，也就不会有进步。（约翰·伯瑞：《进步的观念》，范祥涛译，上海，上海三联书店，2005年，第109—110页。）

另一位启蒙思想家孔多塞，在其《人类进步史表纲要》（何兆武译，三联书店1998年版）一书中将人类历史分为十个时代，其中第十个时代在未来。整个人类的历史，就是理性不断解放、社会不断进步的过程。人们有理由对于未来怀有无穷的信心和希望。孔多塞提出的“人类不断进步”的历史观念，在19世纪和20世纪影响了几乎所有的思想家。他本人也成为西方历史哲学中历史进步观的奠基人之一。（图2.9）

关于历史线性发展的理论和进步史观，也许人们更为熟悉的是马克思主义经典作家关于人类社会发展的“五阶段”理论，即人类社会要经历原始社会、奴隶社会、封建社会、资本主义社会和共产主义社会五个阶段。在这个排序中，各个阶段的社会形态都要好于前一个社会形态，共产主义社会是最高的发展阶段，且这一排序具有普世意义和规律性。

历史发展到19世纪，几乎所有的人都相信，历史是线性向前发展的，明天一定比今天更美好。这一进步主义和乐观主义的精神在工业革命带来的生产力的飞速发展中获得了更大的鼓舞和激励。理性、进步几乎成了现代性的代名词。现代性以其史无前例的社会繁荣证明了两者的合理性。

直到第一次世界大战爆发，接着是第二次世界大战的爆发，才给自信心爆棚的人类以当头棒喝。他们开始反省问题出在哪里？未来一定比现在更美好吗？存在的意义是什么？虚无是否是人类命运的最终归宿。

当然线性时间观并不等于进步史观。同样有观点认为，历史是线性发展的，但却是倒退的。古代是黄金时代，现在不如过去，未来不如现在。

历史学与时间

历史学是对人类过往发生事件所进行的研究和描述。它内在地与时间有着密切的联系。在德国历史学家科泽勒克看来，时间既是一般历史研究的结果，也是一般历史研究的理论前提，他甚至认为“历史（学）就是时间”。（John Zammito, “Koselleck's Philosophy of Historical Time(s) and the Practice of History”, History and Theory, 43, February 2004, p.124; Helge Jordheim,” Against Periodization: Koselleck's Theory of Mutiple Temporalities", History and Theory, 51, May 2012, p.160.）对很多科学而言，时间一般是人为划分的同质的片段，它几乎只是个尺度。但历史学中的时间却是个具体鲜活不可逆转的事实，是孕育历史现象的原生质，是理解这些现象的场域。对原子物理来说，一个放射体变为其他物体所需要的秒、年和世纪的数字是一个基本数据。但没有

图 2.9　孔多塞像

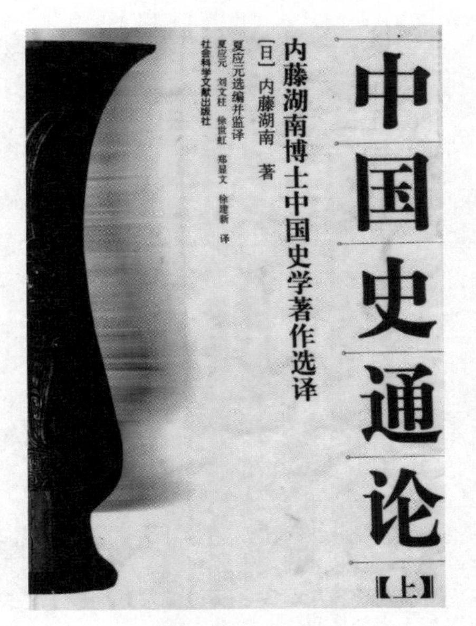

图 2.10　《中国史通论：内藤湖南博士中国史学著作选译》

任何历史学家会满足于证实凯撒花了 8 年时间征服高卢。对他们来说，更为重要的是确定征服高卢在欧洲社会变迁的时序中的准确位置。（马克·布洛克：《历史学家的技艺》，黄艳红译，北京，人民大学出版社，2011 年，第 47—48 页。）

1. 历史分期

历史专业的同学往往最怕别人问他历史问题。比如一个学习中国当代史的同学，你非得问他“武则天究竟长什么样？”除非他对这一问题正好有研究，否则最可能得到的答案是“对不起，我不做这一段历史”。这“一段历史”，指的就是历史的分期。

在西方，19 世纪以来，随着历史学的专业化，历史从一种闲暇之学、一种博雅之学，转变成为一种由获得大学历史学文凭的历史学者们所从事的研究。那么，现代大学又是如何培养历史学者的呢？它自有一套学科教学体系和学科方法论。在该体系中，首先最根本的，是进行一个时间和空间的划分。研究本国历史的和研究其他国家历史的。在每一个国别史当中，又按照时间的顺序进行断代划分。在法语中，甚至为研究每个时间段的历史学家都给出了一个对应的单词，如古代史家“antiquisant(e)”、中世纪史家“médiavaliste”、近现代史家“moderniste”和当代史家“contemporanéiste”等。在中国，如笔者所在的大学，历史专业的学生要花两年时间来修读《中国通史》和《世界通史》

两门课程。实际上，这也是他们唯一一次系统地学习两门通史的机会。接下去，如果他们还想继续攻读历史硕士，甚至是博士学位，他们将选择一个更小的研究领域，一个更小的历史时间段，进行学习和研究。如果学有所成，将成为某个方面、某个历史时间段的历史学家。

那么为什么要进行历史分期？历史学家们认为，将历史进行分期，有助于把握同时代的共同性。比如“文艺复兴时期”，指的是 13 世纪末到 16 世纪这段欧洲特定的历史时期，一场思想文化运动在欧洲兴起并盛行。在欧洲各主要国家，都发生了科学与艺术的大变革，且这些变革都具有一定的相似性，比如对古典文化的崇尚，对人文精神的倡导等。再仔细分析这一运动产生的背景和条件，我们又能找出许多共通之处，如资本主义萌芽的出现，黑死病的流行，宗教思想的禁锢等。这是在横向的纬度上，从对同时代的不同文化之间的比较中找出共性。在纵向的纬度上，对历史的分期，更有助于研究者们系统地把握历史发展的进程。比如 19 世纪末 20 世纪初，日本历史学家内藤湖南提出“唐宋变革论”，指出唐和宋在文化性质上存在明显差异，因而得出“唐代是中世的结束，而宋代则是近世的开始”这一结论。这一观点打破了传统的以唐宋元明清这样的朝代顺序来进行断代的方法，是一种新的历史分期方法。目前“唐宋变革论”在学界得到了不少人的认可。“历史的最大特性就是‘变’，研究历史就是要明了它的变化情形，若不分期，就不易说明其变化真相。历史分期的目的即在于帮助我们找出历史的变点，进一步观察它的质变和量变，从而了解各时代的特性。”（中国通史教学研讨会编：《中国通史论文选》，台北，华世出版社，1979 年，第 62 页。）

知识链接 2.9

“唐宋变革论”：最初由日本学者内藤湖南在 19 世纪末 20 世纪初提出，被欧美学者称为“内藤假说”。其后宫崎市定全面阐述唐宋变革论，国内外称“内藤—宫崎假说”。二者皆属京都学派。“唐宋变革论”者主张唐宋之际的社会发生了重大的变革，具有划时代意义。东亚各国学界对此已经形成基本认识，即承认唐宋间历史进程的巨大飞跃，但是否真正属于变革，尚需进一步的研究。（图 2.10）

另一方面，历史分期也遭到了很多质疑。首先是如何分期，这就是一个略显武断的问题。比如关于世界中古史和近代史的分期上，学术界就有着不

同的看法。有人认为可以把15世纪的地理大发现作为分界点，有人认为是16世纪的文艺复兴，还有认为是英国资产阶级革命。对于同一时间段的不同的历史分期主张，体现了不同历史学家对这段历史或这一历史事件的不同判断，如主张以英国资产阶级革命作为世界中古史和近代史的分水岭的观点就是一种革命史的观点，它着重强调革命在历史进程中的重要作用。当然，“历史学家不是在每次研究时都整个重构时间：他接受已经由其他历史学家加工过、分好期的时间。因为历史学家所提问题在科学上的正当性取决于其在这个场域中所处的位置，所以他不能无视此前的分期；这些分期已是职业语言本身的一部分。”（安托万·普罗斯特：《历史学十二讲》，王春华译，北京，北京大学出版社，第117页。）

其次是历史是否能够分期和是否应该分期。关于这一点，我们主要介绍两位历史学家或者说历史学派的观点。第一位是德国历史学家科泽勒克的观点。他反对将历史进行机械分期，反对使用新、旧、中这样的词语，主张用复数的，多元的时间代替单数的、单一的时间。在这里最著名的可能是他理论的核心“不同时代的同时代性”：在传统的历史分期观点中，人们会倾向于认为，在同一时代的不同社会间具有相同的社会、经济、政治等方面的特征。但事实上，我们会发现在不同时代，历史往往也会出现惊人的相似。比如今天发展中国家遇到的环境污染等一系列社会问题，发达国家早在一百多年前也曾经遇到过。这就是不同时代的同时代性。科泽勒克并不否认自然时间，他反对的只是按照自然时间来划分历史时间。在自然时间外，还必须注意加速、延迟、进步、倒退等不同的时间体验及其对社会政治事件的影响。

知识链接 2.10

科泽勒克（1923—2006）：德国历史学家与历史理论家。曾就欧洲人有关历史经验、历史时间等问题作过广泛探讨，引起学界重视。将新材料、对材料的新的解读模式、新的阐释视角，作为三种重写历史的方式。

另一个要介绍的是年鉴学派的“三时段论”。“最准确的时间划分并不必然是最小单位的划分——如果真是这样的话，按年代划分不仅优于以十年为单位的划分，而且按秒划分也会优于按天划分。真正的精确在于每次都依据考察对象的本质。因为每种对象都有其特别的测量尺度，也就是说，有特别的时间十进位制。对于社会、经济、信仰和心态行为的结构演变，不可采用过于细密的时间测量法，否则就会有过于浓重的人为色彩。”（马克·布洛克：《历史学家的技艺》，黄艳红译，北京，中国人民大学出版社，2011年，第156页。）因此，年鉴学派的代表人物布罗代尔将考察对象划分为政治军事事件、经济制度或政治事态、自然地理环境三类，与此对应的是短时段，中时段和长时段三个不同的历史时间。三种时间及其所对应的历史事物在历史进程中发挥着不同的作用。其中，长时段的历史是最为根本的。短时段的历史只不过是一些浪花或尘埃。布罗代尔的名著《菲利普二世时代的地中海和地中海世界》就是三时段论的最好实践。作者写地中海世界，不是像传统写法那样从军事政治入手，而是围绕着地中海这个主题，来阐述西班牙国王菲利普二世时代（16世纪下半叶）地中海地区的地理环境和社会形态。菲利普二世的累累军功不过是汪洋大海中的一朵浪花。（图2.11）

知识链接 2.11

年鉴学派：是20世纪30年代开始萌芽、40年代中期开始形成的一个法国史学流派，60年代时开始有世界性影响。研究方向为重视历史构造分析的社会史。年鉴派的创始人被共认是吕西安·费弗尔和马克·布洛赫，他们在1929年初创办了《经济社会史年鉴》(后屡经更名，并于1946年定名为《经济·社会·文化年鉴》)，成为半个多世纪以来持相同主张的史学家们的主要阵地，年鉴学派便因此得名。费弗尔和布洛赫则被视为年鉴派第一代的主要代表。

“三时段论”为我们研究历史和看待历史提供了一种崭新的视角，也在学术界引起了极大的反响。但正如安托万·普罗斯特所说，后来模仿者甚多，创新变成了守成。（安托万·普罗斯特：《历史学十二讲》，王春华译，北京，北京大学出版社，第106页。）于是，这个原本致力于突破传统历史分期论的努力恰恰极有可能变成它自己所反对的那种冰冷僵化的历史分期论。

2. 历史与记忆

在今天的历史乃至人文学界，“历史与记忆”这样的提法越来越被频繁地使用着。事实上，这个提法最有意思的地方在于，“历史”与“记忆”之间既有联系又有区别，始终存在着一种张力。

记忆，英文 Memory，法文 Mémoire，德语 Gedächtnis，指的是维持与遗忘的能力、经历和技能。记忆的流传受到存储媒介的保障，并在呈现

图 2.11　菲利普二世画像

的物质性（书籍、绘画、建筑、居所等）中得到固定。英文中有另一个词 Remembering，法语和德语分别对应的是 Souvenir 与 Erinnerung，中文翻译成“回忆”，指的是一种流动性的，把过去的事件现实化的过程，它往往依赖于语境、交流，即主观的互动。比如一对年轻的男女朋友外出旅行，我们可以说“他们在一起创造回忆”。我们也可以说某地保存了早期人类活动的痕迹或者说记忆。

那么，记忆与历史有何关联呢？当然，我们现在是在历史的第二层意义，即对过往发生的事件进行研究和描述这一意义上来讨论历史与记忆的关系。在人类社会中，记忆的出现要早于历史，按照扬·阿斯曼的观点，记忆表现为两层意思：（1）它是那些与过去相关的各种形式——历史编撰学作为“社会”或“集体”的记忆，也属于其中一种；（2）它是在实证主义意义上的历史科学的对立磁极。这里记忆的两个定义就体现出它与历史之间的既重叠又矛盾的关系。一方面，在很长的一段时间内，甚至直到现在，有观点认为历史就是记忆的一部分。另一方面，也有观点认为记忆与历史是相互对立的。如尼采就在其《不合时宜的观察：历史的用途与滥用》中将实证主义历史科学斥责为敌视生命的行为，并相应提出了可以遗忘的记忆。（斯特凡·约尔丹：《历史科学基本概念辞典》，孟钟捷译，北京，北京大学出版社，第 58、75—76 页。）法国社会学家莫里斯·哈布瓦

图 2.12　莫里斯・哈布瓦赫

赫明确阐明了记忆与历史之间的矛盾（Maurice Halbwachs, 1950）。（图 2.12）之后，历史学家皮埃尔・诺拉（Pierre Nora）更是直接指出，历史与记忆是相互对立的。概括起来，历史与记忆的区别表现在以下几个方面：

首先，记忆是鲜活和生动的，它总是与活着的人联系在一起，随着人们回忆与失忆的不断变换而处在永久的变动之中，经常在不知不觉中遭到扭曲，并且极易受到利用和操纵。历史则是对一切不复存在的事物或以往"死亡"的事物进行问题式的和不完全的重建；记忆是现在的过去，而历史则是过去的复现。

其次，记忆总是主观的，以自我为中心的，总是可以用第一人称来指代——"我的"记忆和"我们的"记忆，它处在自我意识之中，寻求的是对自己感官的忠实，它受制于人的信仰；历史则一直以客观为诉求，总是以非主体的面貌出现，历史学家不会将自己的作品说成"我的历史"，他希望他的研究放之四海而皆准，能够揭示出历史的普遍性，历史追求的是真实，它受制于理性。

第三，记忆总是具体的，带有感情色彩的，并且是复数的，有多少个个体和群体就有多少种记忆，记忆与记忆之间充满着错位和冲突；历史则带有抽象的批判意味，需要对问题进行分析和解释，需要冷静的思考，追求的是终极真理。

第四，记忆与遗忘相辅相成，有记忆必有遗忘，记忆允许有缺口和断裂。历史则追求连续和完整，遗漏不是历史的美德，记忆对时间并不敏感，它可以是跳跃式的，不在乎因果联系，历史则完全关注因果链，强调时间的连续和次序。（沈坚：《记忆与历史的博弈：法国记忆史的建构》，载《中国社会科学》，2010年第3期，第210—211页。）

前文提及，记忆的出现早于历史。当人类社会还在茹毛饮血、结绳记事时，便有了记忆。当历史作为一种书写出现以后，曾经一度全面垄断了对过去的话语权。从20世纪20年代开始，一战造成的巨大心理创伤促进了人类对记忆问题的思考。在二战后对法国维希政权和抵抗运动的反思中，记忆开始对历史书写的垄断地位发起全面挑战。

二战后，法国国家和民间出于各种原因，在对二战的历史书写中，建构了一个抵抗运动的神话。根据这一神话，维希政权是法国一小撮投降派创立的，他们是纳粹德国的应声虫和合作者，法国大部分人站在以戴高乐为代表的抵抗运动一边，戴高乐的自由法国才是法国正统的政权，抵抗运动是正统法国的延续，维希政权是不值得一提的插曲。然而之后，随着《夜与雾》、《悲哀与怜悯》等影视作品的出现，集中营内的真实景象，纳粹占领时期法国社会的真实情景被还原出来。这些影视作品大量使用了战时的新闻图片和对当事人的采访资料，集中营受难者的记忆、被逮捕羁押的犹太人的记忆、纳粹军官的记忆、维希合作者的记忆……这些集体的记忆将历史的真实抽丝剥茧后，呈现出来。抵抗运动的神话在社会、学界和电影界的共同推动下，开始被逐步解构。新的观点认为，最初大部分法国人支持维希政权，维希的一些措施也不完全是出于德国方面的压力，甚至在反犹方面也是如此。维希其实是法兰西第三共和国内部保守主义和新法西斯派力量的延续。（沈坚：《记忆与历史的博弈：法国记忆史的建构》，载《中国社会科学》，2010年第3期，第213—214页。）

知识链接 2.12

《夜与雾》：一部关于奥斯维辛集中营的纪录片，曾被新浪潮的领军人物弗朗索瓦·特吕弗（François Truffaut）誉为“史上最伟大的电影”。电影采用了大量二战的新闻片和图片，对纳粹的残暴屠戮，民众的反犹主义行为和集中营内的各种惨状等进行了深入的刻画。1969年，电影《悲哀和怜悯》上映。该片记录了法国克莱蒙·弗朗镇在纳粹占领时期的历史。片中出现了对德国军官、法国合作者、抵抗者和普通老百姓的采访，再现了德军占领下法国社会的真实情景。（图2.13）

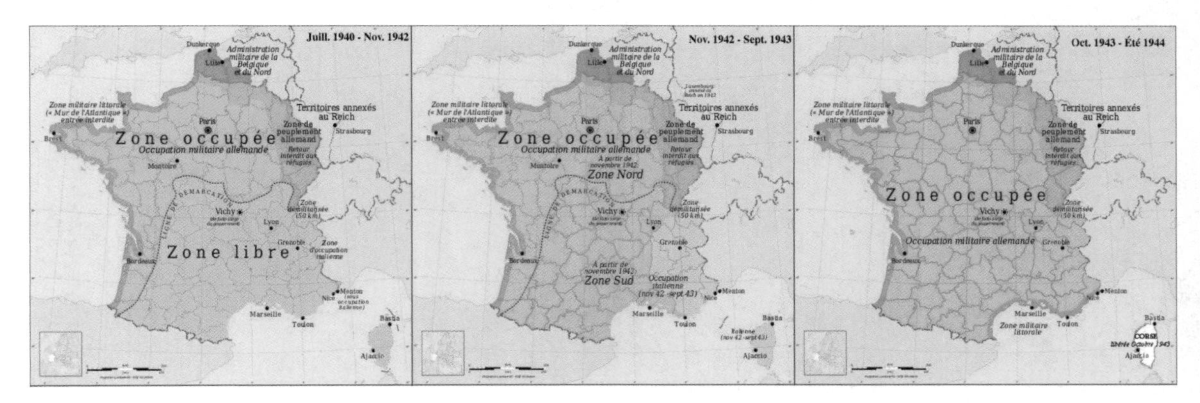

图 2.13　二战时期纳粹德国对法国的占领

记忆，在推动对二战法国抵抗运动和维希政权这段历史的重新反思和书写上起到了决定性的作用。且“记忆”的崛起，在历史学内部引发了作为历史学分支的“记忆史学”和“公共史学”的革命。如法国记忆史学的先驱人物之一的菲力浦・茹塔尔（Philippe Joutard）所说，今天“记忆不仅是历史学最得宠的题目，而且在公共领域和政治界甚至有取代历史学的趋向。”（沈坚，《记忆与历史的博弈：法国记忆史的构建》，载《中国社会科学》，2010 年第 3 期，第 214 页。）

“历史科学遵从时间理论，一方面是因为行动者及其对象被允许存在于其生命可控时间内的自然前提，另一方面则是由于所有的时间理论与时间范畴也有一段自身的历史——若无这种历史知识，关于过去的任何时期都不可能被理解。”（斯特凡・约尔丹：《历史科学基本概念辞典》，孟钟捷译，北京，北京大学出版社，第 295 页。）我们在以上三部分中分别讨论了历史上的纪时，时间观念的两种类型以及历史学对时间的处理。如果说在第一部分里，时间还只是一种人类社会存在的坐标和自然前提，那么在后两个部分中，时间理论和时间范畴已然成为了历史和历史学中变化的重要力量。历史和历史学会因为时间观念的不同，或对时间划分所持的不同看法而走向完全不同的方向。在这个意义上，我们也许不得不同意科泽勒克的结论，历史就是“时间的历史”。

第三章　历史空间

朱明

引子

“往古来今谓之宙，四方上下谓之宇。”宇宙指的是空间和时间的交错，而这种时空观也可以应用到历史学习和研究中去。对于历史的认知，人们往往侧重时间，将历史作为研究时间的学问，读史以明智，借过去的人和事来为今天和未来指引方向，避免重蹈覆辙，因此历史学的任务被认为是在时间中穿梭。然而，空间也应受到同样重视，我们在研究时间维度的同时，也应关注空间维度。

在历史学的范畴中，空间维度通俗而言就是地理。历史和地理本不分离，中国早已有“史地不分家”、“左图右史”之说。古代的历史学家在研究过去时也极为重视空间维度，如司马迁就“读万卷书，行万里路”，才写出巨著《史记》，而希罗多德也是尽可能亲自走遍当时的已知世界，在希腊以外的广阔区域长期漫游，才推出了皇皇一部《历史》。然而此后的历史学习和研究实践，却往往不再重视空间，而是在书斋中“思接千载、视通万里”。当然，空间因素的消退部分也是由于 19 世纪以后民族国家的兴起，历史的书写被固定在国界以内，以至于出现了本国史和外国史（或世界史）之分。这种二元对立阻碍了空间维度的铺展，致使历史成为特定空间中对于时间的研究。但是，对于时空两种维度的追求始终存在。20 世纪初，法国年鉴学派兴起，成为在此后一个世纪中叱咤风云的历史学派，其成功的重要原因之一就是借鉴了地理学的理论和方法，注重地理因素在历史研究中的作用。年鉴学派的第一代学者吕西安・费弗尔指出“在某种程度上，是维达尔的地理学孕育了我们的历史学”。布罗代尔在周游和研究了地中海之后，晚年还写出了《法兰西的特性：空间和历史》。由此可见空间在历史研究中的重要性。而中国的传统治史也注重地图的应用，还形成历史地理的专门学科。进入 21 世纪，随着全球化进程日益加速，历史学者无法再固步自封，将自己的视野限于一个国家或一个区域之内，而应该在空间上进一步开拓，开阔视野，不被自身所属的文化和地域所圈囿，积极拓展空间的范围，从而更加深入地理解历史的演进规律。

空间的尺度按照不同的标准可以有很多种划分，但鉴于其与历史研究的相关性，我们可以将其分为三个层次，即微观的、区域的和宏观的。

一、微观空间

微观空间在层次上具体而微，虽有很多种表现形式，但仍是我们比较容易碰触到的层次。微观空间可以是一座城市，也可以是一幢房屋，一处花园，或者是一幅画。观察这些空间时，不能只看到其本身，而是应当将它与其表征的意义结合起来，探寻其背后的历史。微观空间属于社会空间，构成了记忆的场所。这里以城市为例加以说明。（诺拉：《记忆所系之处》，戴丽娟译，台湾，台湾行人出版社，2012 年。）

1. 中国城市空间的变革与转型

中国的城市空间形制是在先秦时确定下来的。《周礼・考工记》中确定了城市的道路、城门、市场等的位置和大小，它将城市分为内城和外郭，在大城市中还设有子城，首都城市则设有皇城宫殿。对于城市内部空间，《周礼・考工记》还规定了帝都的空间形制为“左祖右社，前朝后市”，即宫殿的东边为祖庙，西边为社稷坛，左右对称，南面为朝廷，北面设市场。这种空间的具体规定成为中国城市千百年来一贯遵循的形制，形成东方城市的重要特点，并且还影响到中国周边的日本、朝鲜、越南等。（图 3.1）

知识链接 3.1

《周礼》：儒家经典，十三经之一。世传为周公旦所著，但实际上可能是战国时期归纳创作而成。与《仪礼》和《礼记》合称“三礼”。经学大师郑玄为《周礼》作了出色的注，由于郑玄的崇高学术声望，《周礼》一跃而居《三礼》之首。记载先秦时期社会政治、经济、文化、风俗、礼法诸制，多有史料可采，所涉及之内容极为丰富，无所不包，堪称为中国文化史之宝库。

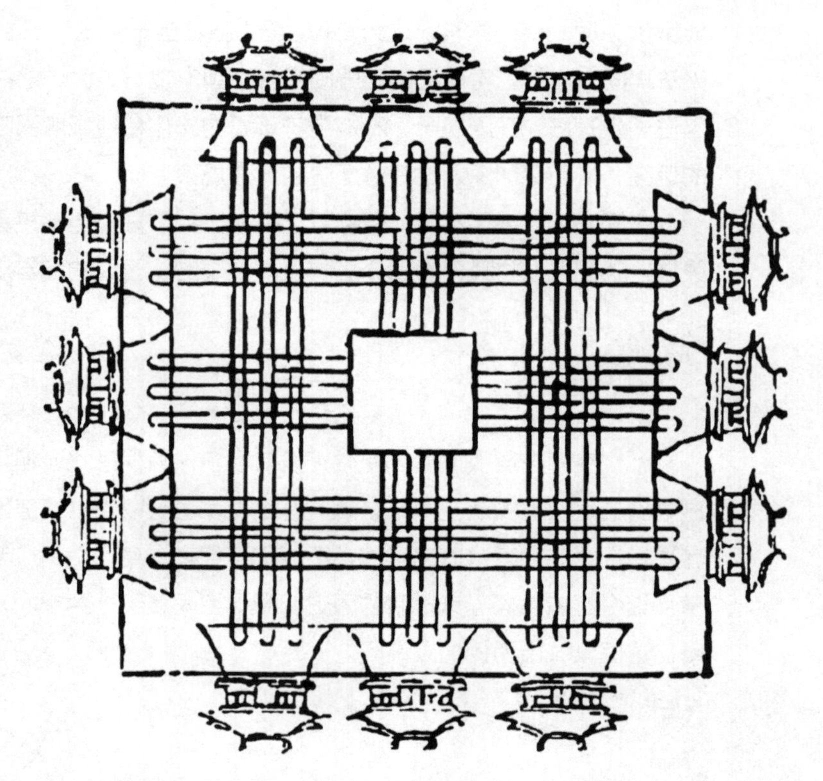

图 3.1　《周礼・考工记》中关于“左祖右社，前朝后市”的图片

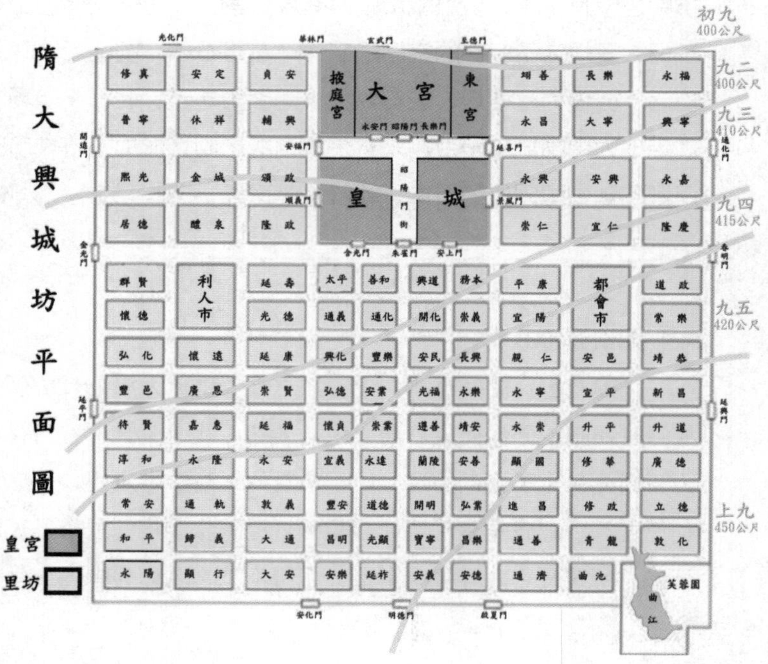

图 3.2　隋大兴城坊平面图

从空间上来看，中国的城市一般被认为是呈四边形或矩形，街道呈现出棋盘状和井字状，而居民区也就呈现出四面形或矩形的分布，总体说来，都有非常规矩整齐的布局形状。为何呈现出四方形呢？一种解释是强调“天圆地方”的说法，天人合一，天子在地上的都城位于宇宙正中的位置，其正上方即天体的中心北极星。都城体现出天子的权威和地位，而大中小城市也都相应地体现出各自的级别和规模，各自的面积和城墙都有相应的规定，不可逾越。最能体现出这种空间形制的就是北魏的洛阳、隋唐的长安、明代的南京、明清的北京等。（图 3.2 ）

然而，城市的空间也会随着周围的环境而发生变化，并不严格遵循《周礼》的规定。江南城市尤其如此，特别是大运河的吸引力造成了城市空间的变形。譬如常州城，秦朝时选择了城市西北部较高的地方设置延陵县治，唐朝时继续在此建设，并且分成西北部分的子城和东、南两面的罗城，此时的常州城市空间表现为规整的方形，州衙前面的横街与直街组成 T 字形框架，城内的街道一般呈十字交叉，体现出典型的坊市制度的影响。到了宋代，城市空间出现较大变化。大运河从常州唐城南部的西北流向东南方，城市也朝向大运河的方向拓展，因而拉伸后的空间呈现出不规则的纺锤型，而拓展后的新城区逐渐成为重要的商业区，商人多居于此，主要是由于这里靠近大运河的交通要道。

常州东边的无锡也是如此，在城市空间的演进方面表现出非常相似的时空序列。早期无锡城市的发展主要在今天城市的西北方，唐代时分为子城和罗城，总体呈规整的矩形分布。到南宋时，罗城开始拓展，朝向大运河的轴线进行发展和拉伸，由此形成纺锤形的空间形态。这种城市空间发展模式以大运河作为轴线，由西北方的矩形向西北方和东南方同时拉伸，因此形成纺锤形的形态，新形成的空间成为繁荣的商业空间。（斯波义信：《中国都市史》，布和译，北京，北京大学出版社，2013 年。）

这些城市空间演变的情况在宋代时非常明显，学界也称之为“中古的城市革命”。城市内部的空间变化则表现为从唐代时严格的坊市制发展到居住和市场区域混杂的方式，城市外部空间则表现为城市的发展出现了断裂，不再完全按照传统的空间形态发展，而是表现为向商业发展的靠拢——由于朝有利于商业发展的方向拓展，城市形态逐渐脱离了原先的方形或矩形，变成多种形态。对明代中国的 254 个府州县城所做的调查显示，呈矩形的城市有 146 个，呈椭圆形的有 48 个，圆形和半圆形的各有 16 个，此外还有呈现多角形、十字形、丁字形等特殊外形的。

除了大运河对城市布局的影响之外，到明清时，城市空间又出现了较大的变化。

图 3.3　扬州瘦西湖徐园

以扬州为例，唐代初期扬州城是一个正方形的子城，亦称牙城，东西约 2 公里，南北约 1.5 公里，十字大街通往四座城门，官衙多集中于此。到 783 年向东南方向建造了罗城，面积为子城的四倍，主要是由商业区和居民区构成。后周时在唐代子城和罗城的东南方又加筑了一座小城，到北宋时在此基础上建起了一座大城，由于处在漕运要道，扬州再次成为重要的经济枢纽地带，并且因其盐业的发展而驰名。到元明之际，扬州城市向西南方向大为收缩，仅有一隅之地，大概是有利于战乱时期的防守。到明代建立以后，城市再度向外扩展，在旧城的东部建造了新城，往东直至运河的区域形成繁盛的商业区。由于旧城狭窄，而商业发展需要拓展空间和靠近运河，因此 1556 年东部建造了新城。扬州形成两城并列的格局，旧城为乡绅居住区和行政区域，新城为盐商居住区，旧城街道平直，包括南门街、仁丰里、小东门街等，多为安静的住宅区，新城则因地制宜，显得弯曲而不规则。

这时期的城市空间变化不再仅仅是外部形态的变迁，城市内部的布局和景观也出现了较大的变化。扬州最初是先秦吴国北伐时修建的边塞城市，后来逐渐发展成为一个重要的区域中心城市，唐代时在全国性的经济网络当中起到重要的枢纽作用，号称“天下三分明月夜，扬州无赖是两分”。到了宋明之际，城市逐渐从西北部的高地蜀岗退到东面和南面的低洼地区，形成旧城和新城组成的矩形城市，位于大运河和长江的交叉点上，非常有利于商业的发展。到明清时，大量的外来商人来到扬州经营盐业，特别是来自徽州的商人，形成强有力的商人群体，极大改变了扬州城市的空间景观。由于垄断了盐业经营，徽州商人积累了大量财富，他们还同皇室密切合作，成为城市中拥有特权的群体。这些财富最终影响到城市空间景观的改造。富商主要居住在新城的东南部分，靠近大运河的地理优势有利于他们的商业。在这些富甲天下的商人的投资下，扬州还出现了大量富丽堂皇的宅邸，并且在宅邸中还兴建豪华的花园，由此形成极具特色的园林。苏州的园林大都是失意官宦离开京城退隐家乡时建造的，因此显得更有格调，也更为隐晦；相反，扬州的园林凸显的是商人的财大气粗，为了装点美化园林，这些商人们无所不用其极，表现得极其奢侈浪费。最为典型的莫过于留到今天的个园和何园，分别是中国传统样式和东西合璧样式，但其景观背后表现的都是徽州盐商的巨额资本和财富。（图 3.3 ）

知识链接 3.2

何园：又名“寄啸山庄”。由清光绪年间何芷舠所造，是一处汉族古典园林建筑，被誉为“晚清第一园”，面积 1.4 万余平方米，建筑面积 7000 余平方米。全园分为东园、西园、园居院落、片石山房四个部分，片石山房在东园南面，园居院落则被东园、西园和片石山房包围，其园内的两层串楼和复廊与前面的住宅连成一体。

从财富和权力向空间和景观的演变也出现在江南的苏州。苏州的城市空间到明清时期也同样发生了较大变化。苏州建城距今已经 2500 年，在早期发展中，它始终是一个重要的地区性行政中心。到明代中叶，它发展成为全国首要的工商业城市，明清时期的工商业发展极大地推动了苏州的城市空间演变。苏州的发展始终是在现有城墙以内进行的。早在宋代就已有《平江图》被刻在石碑上，体现了苏州城市发展的规模。同时，随着从西北方向流经苏州往南的大运河产生吸引力，苏州也不断向西北方向拓展空间，西北部的阊门以及阊门以外的部分形成明清时期苏州最为繁华的地段。从这里到西北方向的虎丘有七里山塘街，到西边大运河和枫桥镇则有上塘、下塘两段水路，外来商人们都在此集中，并且修建了大量的会馆，作为不同地域商帮的集会场所。不同于扬州的是，苏州并非徽州商人一枝独秀，还有大量来自山陕、江西、福建和洞庭的商帮，他们都集中在苏州西北城墙的外边，构成相互竞

图 3.4 姑苏繁华图

争激烈的商人团体。除了城市西北方向的商业区，在城市东部还兴起工业生产区域，尤其是纺织业。康乾时期，丝织业已是“郡城之东，皆习机业”，而棉纺织业则逐渐转移到城郊，阊门和娄门外分别成为布料加工业的中心。西北部的阊门外布料印染业非常发达，以至于严重污染了河水，政府不得不贴出告示，禁止污染河水，而东边娄门外则成为许多机工等待机户聘用的集中场所。在苏州周边的郊区还兴起大量市镇，西边最多，为 11 个，东边有 8 个，如木渎镇、横塘镇、浒墅镇、周庄镇，等等。这些市镇极其繁华，对苏州经济的繁荣起到重要作用。到清代中叶，苏州拥有“南北濠，上下塘，为市尤繁盛”。而这些市镇的繁荣也使苏州的城市空间发展非常广阔，府城和郊区市镇共同推动了城市化水平的提高。（林达·约翰逊：《帝国晚期的江南城市》，上海，上海人民出版社，2005 年。）（图 3.4）

在苏州府城的内部空间，更多还是本地人起到更大的作用。城内虽也像扬州那样有大量园林，但不同之处在于这些园林大都是官宦退隐之后所建，譬如拙政园、网师园等等，表现出建造者想要退离朝廷、隐于江湖的想法。园林的布局和景观也都体现出建造者的想法，显得极为含蓄，又处处充满寓意。当然，苏州的空间还有比较特别的一点，那就是这里在明清成为朝廷异议分子的集中地区，特别是明末时达到了抗议运动的顶峰，导致朝廷对这里一直不敢掉以轻心，皇帝也经常通过南巡的方式对此地加强监控。因此，苏州的空间景观也表现得较为特别，譬如政府对虎丘严加控制，禁止这里挟妓游山，也禁止纺织业对河水的污染，而城南的沧浪亭也成为政府努力打造的重要地景建筑，与沧浪亭毗邻的则是府学和府衙，再经过主干道（今人民路）主轴一直向北，形成城市中充满政治象征和意蕴的区域。（李孝聪：《历史城市地理》，济南，山东教育出版社，2007 年。）

知识链接 3.3

拙政园：始建于明正德初年（16 世纪初），是江南古典园林的代表作品。与北京颐和园、承德避暑山庄、苏州留园一起被誉为中国四大名园。它占地 78 亩（约合 5.2 公顷），是苏州现存最大的古典园林。全园以水为中心，山水萦绕，厅榭精美，花木繁茂，具有浓郁的江南汉族水乡特色。花园分为东、中、西三部分，东花园开阔疏朗，中花园是全园精华所在，西花园建筑精美，各具特色。园南为住宅区，体现典型江南地区汉族民居多进的格局。

2. 欧洲城市的空间变迁

在西方，城市空间也有其演进的脉络和特征。西方城市的结构最早是在希腊时代奠定下来的。早期希腊城市的空间布局是比较随意的，主要是围绕着比较高的地形，建造卫城。卫城成为一个希腊城市的防御性工事所在地，也是城市的宗教祭祀场所，卫城中有诸多神庙。而地势较低的地方则成为工商业集中的场所，也是城市广场的所在地，一般的政治活动都是在此进行的。这时期的城市表现出功能分区的早期特征，也形成了西方城市拥有城堡、市场、神殿三个重要组成部分之始。

到了古希腊晚期，城市空间开始从不规则的形态朝着特定规划的方向发展，尤其是公元前 5 世纪的著名城市规划师希波姆（Hippodamus, 公元前 498—前 408）开辟了栅格状规划的先河，他规划建造了米利都，使其成为规划型城市的重要代表。这类城市虽然外部轮廓和城墙仍然是不规则的，但是内部结构已经呈现栅格状，街道交叉部分呈直角，街道平行或垂直，在街道垂直相交部分建造广场和公共建筑，城市中的广场位于中心位置，还有剧院、学校、体育场、浴池、商场、神庙等建筑。

知识链接 3.4

米利都：位于安纳托利亚西海岸线上的一座古希腊城邦，靠近米安得尔河口。在赫梯文献中被称为 Millawanda 或者 Milawata，在荷马的《伊利亚特》中也有出现。公元前 1500 年左右，一些从克里特岛来的移民定居于此，随后，这个城市就成为了爱奥尼亚十二城邦之一。公元前 6 世纪它建立起了强大的海上力量，并建立了许多殖民地。希波战争前它处于波斯统治下。公元前 2 世纪并入罗马。米利都拥有一批著名的思想家，如泰勒斯、阿那克西曼德、阿那克西美尼等，世称米利都学派。

西方城市在发展之初就并非完全是商业性质的，而是有着极强的规划特征。在之后的古罗马时代，城市发展更是成为皇帝和政府全力以赴的目标，城市成为罗马留下来的重要遗产。历代罗马皇帝都努力建设城市，奥古斯都在临终前就曾说“我来的时候罗马是木制的，我走的时候则留下了大理石的罗马”。罗马城市增添了凯旋门、纪功柱等体现皇帝权威的部分，表现了非常强烈的政治特征。然而在此后的民族大迁徙时期，古罗马时代的城市纷纷沦为废墟，西方的城市生活开始萎缩，取而代之的是城堡和庄园。封建时代的城市发展极其缓慢。（图 3.5）

直到公元 1000 年前后，西方才出现了城市复兴的迹象。在交通便利处、城堡所在处或者教堂所在处聚集起越来越多的人们，他们或者寻求庇护，或者追求商业利润，在这些地方建立了新的城市。当然，这些城市大部分是在古罗马城市的基础上继续发展的，如巴黎、科隆、里昂、伦敦等，也有一些新兴城市主要集中在交通便利处。

中世纪西方城市的空间表现出随意的特征，其道路蜿蜒曲折，仿佛衣服上的褶皱，显得非常自然，因此中世纪城市被认为是体现城市自然发展的典型。然而，在中世纪的西方城市空间中，人为规划的特征也非常明显。

巴黎就是一个典型。现实的政治需要决定了巴黎这座首都城市的面貌，巴黎的发展与国王及其权力的巩固是分不开的。权力需要空间作为载体，而空间则推动了权力的增长。早期的巴黎是罗马建造的一块殖民地，位于塞纳河中间的西岱岛上。塞纳河以南地势较高的地方成为宗教场所，建有神庙。到中世纪时期，巴黎一度衰落下去，但是从 10 世纪开始重又发展起来，并且在中世纪晚期发展极为迅速。这时期的城市建设主要涉及到防卫性城墙和王宫的修建。12 世纪末腓力二世在位时曾修建了以其名字命名的城墙，并间隔地设置几个

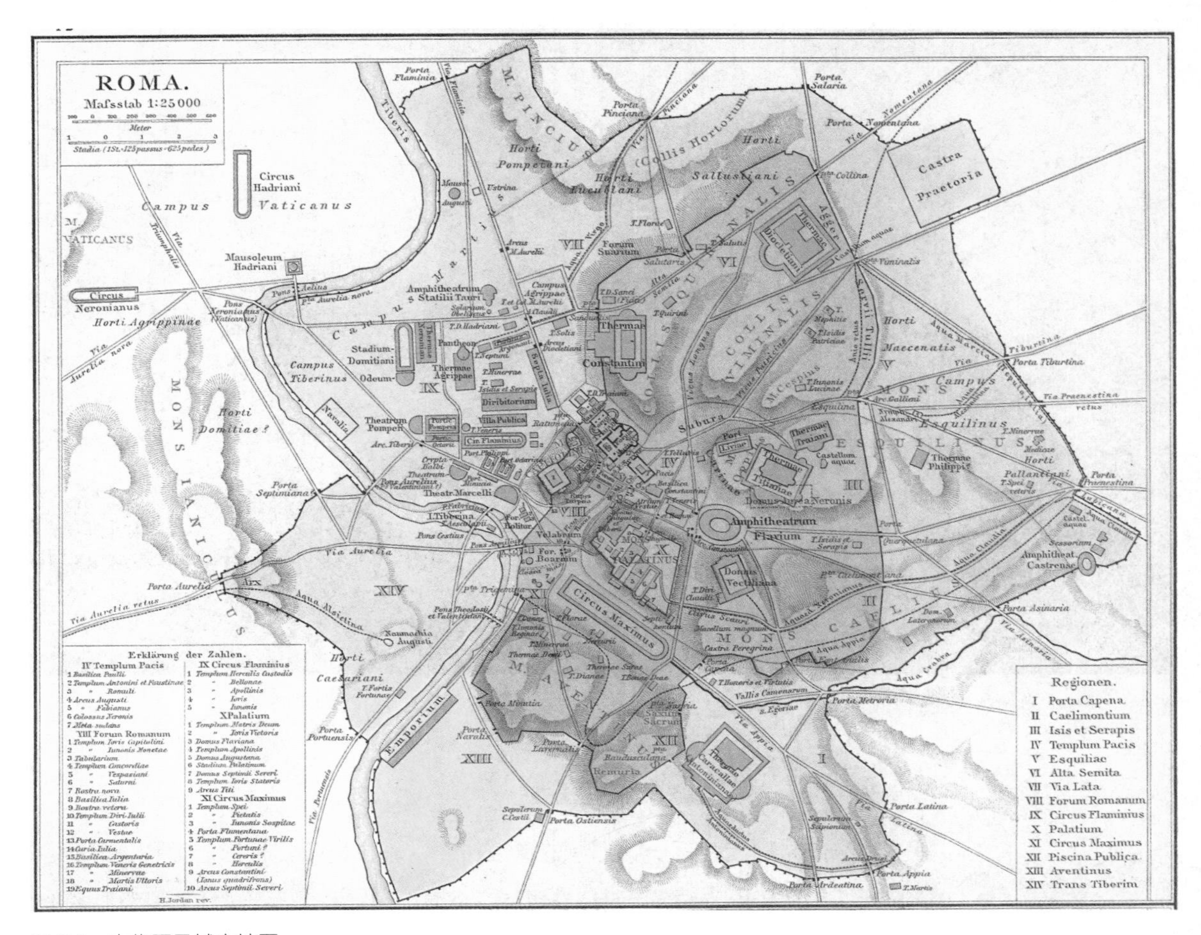

图 3.5　古代罗马城市地图

堡垒和城门，主要用于防御目的，其中一个堡垒就是后来形成的卢浮宫。到 14 世纪中叶查理五世在位时，为了防御来自北方的威胁，人们在塞纳河右岸修建了新的城墙。这道城墙从西边的卢浮宫以西到东边的巴士底堡垒，长约 5 公里，占地约 4.4 平方公里。这时期卢浮宫堡垒取代原先的西岱岛王宫成为国王的主要居所。这里最初是腓力二世城墙西边的堡垒和监狱，倚靠城墙，由矩形围墙构成，10 座防御性的塔楼围着高达 30 米的主塔，成为国王权威的象征。到 14 世纪中叶，这处堡垒被查理五世改造成王宫。由于查理五世建造城墙，这个城堡已经失去最初的军事防御功能，朝着王宫和权力象征转变。国王将宅邸选在这里，既可防御来自英国的威胁，也可镇压市民起义，还可以避开拥挤的城内道路，通过塞纳河水道迅速通达城内外各个王室住处。在巴黎东郊的万塞讷森林也有一处王室城堡。这里最初是国王在巴黎东边的王室森林中央的猎场，13 世纪被圣路易改造成一个城堡，查理五世即位后大力建设这里，并将

图 3.6　佛罗伦萨城市鸟瞰图

其作为从卡佩到瓦卢瓦一脉相承的象征符号。西岱岛王宫在该时期也逐渐摆脱了原先的居住功能，转变成为王家办公场所和王权象征性建筑。（朱明、欧阳敏：《地图上的法国史》，上海，东方出版中心，2014 年。）

除了政治因素，商业因素在西方城市的塑造中也起到重要作用。如佛罗伦萨就是一个典型的商业城市。随着阿拉伯帝国的衰落和溃退，从 10 世纪起，意大利人在地中海地区又恢复了经济活力，重新占领地中海市场。尤其是 10 到 14 世纪期间，以贸易为主的经济增长引导欧洲经济迅速发展。在一系列的扩张中，意大利商人率先发展起商业公司，依靠出口贸易和生产，以及东西方之间的关键位置使意大利变得日益富裕。在竞逐利益的过程中，佛罗伦萨所在的托斯卡纳地区成为相当重要的一部分。比萨港作为与海外市场的连接点，阿尔诺河连通内陆和地中海，法兰契杰纳大道成为沟通南北的交通动脉，还有众多城镇分布在广阔的腹地。率先发展起丝织业的卢卡和拥有强大金融业的锡耶纳成为其中的佼佼者，相比之下，佛罗伦萨是个后来者，但到 13 世纪末却超过所有其他城市成为国际大都会，同时在国际商业、银行业和呢绒业三大领域取得超前地位。与佛罗伦萨经济复兴紧密伴随的现象就是快速的城市化，城市吸引了大量的乡村居民迁入，14 世纪人口增至 9 到 13 万，成为欧洲最大的城市之一。（图 3.6 ）

在佛罗伦萨，中世纪早期遗留下来的建筑和城市面貌，昏暗拥挤的街道和砖木材质的建筑已远远不能满足这时期市民的需求，频频发生的火灾也使佛罗伦萨面临一次大规模的城市重建。13 世纪前后高速发展的经济和大量涌进的外来移民，终于为佛罗伦萨提供了一次城市建设的契机。佛罗伦萨在 13 世纪末开始扩建城墙，以容纳越来越多的居民，城市面积增加部分与两个世纪之前相比几乎多了 15 倍。但城市的设计和建设尤其是空间的组织也遵循了规律理性，拓宽道路、规范房屋、要求卫生美化，尤其是统一道路两旁房屋的高度和立面。在城市化的过程中，佛罗伦萨设定了一个理想的城市模式，崇尚规则，在城市空间实现整齐匀称的几何组织，由此开启了文艺复兴城市的特点，即向中心会聚的同时注重秩序和平衡。佛罗伦萨的城市布局和结构表面上看较为分散，但主要的公共建筑都位于大教堂的广场周围。佛罗伦萨的经济、宗教和政治三个中心是分开来的，分散在城中各处，长期以来独立发展，但城市化中的扩建道路工程将三处连接起来，并要求路两边房屋的业主按照统一的标准重建其房屋立面。这条道路贯通南北，将大教堂、市场和市政厅连成一个统一性的整体，城市布局由此被整合，凸显了有机整体的结构感。

通过对东西方城市的空间考察，我们可以发现诸多异同点。在城市化的快速步伐上，二者有着极其相似的背景，在城市的布局和结构上也有相似处，但不同的空间表达和诉求，则显示出这段时期东西方不同的政治和文化背景。然而将空间拉伸以后，我们又可以发现其中的相似之处，那就是经济和政治对于城市空间的强烈影响。

二、区域空间

区域的空间在层次上高于微观空间，由众多微观空间组成了区域空间。区域空间构成地方历史和文化的载体，它既可以是自然的区域，也可以是人文的区域。自然的区域包括大陆、海洋、河流（流域），人文的区域则包括农耕、草原地带，考古学意义上的文明区域，经济圈，城市群等。这两类之间也可以有某些交叉，它们的交点就是人类的活动，正是人类的活动为这些自然的、人文的区域赋予了文明和意义，不同的区域在长时段的范围内塑造了不同的人群和文化，而不同的人群也深刻影响和改变着各自的区域。

1. 从“苏湖熟天下足”到“湖广熟天下足”

说到区域，地广物博的中国有着多样的区域，既可以划分为农耕地带与游牧地带，也可以划分为中原与边陲，既有岭南沿海区域，也有长江黄河的大河区域。中国从西向东有着三级阶梯，不同的地理面貌构成了多种多样的自然环境。在这多样化的生态环境中，又滋生了不同的经济区域和文化区域，它们共同构成了中国的多元面貌。

然而，这种多元面貌却并非一成不变的，随着时间的流逝，各区域会出现不同的走势，也会历经兴衰起伏。这种变化又进一步会影响到人们的活动，对经济、政治生活产生强烈的影响。如果对近千年中国的经济地理做一鸟瞰，会发现它呈现出从西向东、从北向南的转移。经济重心从北向南的转移，在空间上表现为从黄河中游向长江中下游的转移，还表现为京杭大运河的挖掘和开通。这些区域空间变化有力地改变着中国的经济空间面貌。

知识链接 3.5

京杭大运河：世界上里程最长、工程最大的古代运河，也是最古老的运河之一，至今已有2500多年的历史。经历三次较大的兴修过程。春秋吴国为伐齐国开凿胥溪、胥浦；隋朝大幅扩修并贯通至都城洛阳且连涿郡，分为永济渠、通济渠、邗沟、江南河四段；元朝翻修时弃洛阳而取直至北京，先后开挖“洛州河”和“会通河”，将天津至江苏清江之间的天然河道和湖泊连接起来，直达杭州。对中国南北地区之间的经济、文化发展与交流，特别是对沿线地区工农业经济的发展起了巨大作用。（图 3.7 ）

两句民谚的变化可以表现出这种空间在区域间的转移。宋朝时盛行“苏湖熟天下足”的说法。这时期以苏州和湖州为中心的太湖区域和长江下游流域是粮食高产地，这里在唐末到宋元时代成为全国的经济中心所在，盛产米粮是其重要特征，水稻是当地的主要粮食作物，也是当地农业生产的主要内容。到明代中叶这种情况出现了变化，粮食作物种植面积逐渐落后于经济作物的种植面积，而且农民投入经济作物的人力也更多，技术也更成熟，农业生产的重点从种植粮食作物的“田”转向种植经济作物的“地”，出现了“多种田不如多种地”的新的价值取向，植棉种桑同纺织业一道成为江南地区的重要产业，晚明一条鞭法的实行进一步推动了这种情况，推动着江南朝向经济作物重要区域发展。粮食生产基地则转向了长江中游的两湖地区（又称湖广地区，即洞庭湖区域），明初开始两湖地区大兴垸田，适宜种植水稻，而且该地人均耕地较多，赋税漕粮负担较轻，米价也较低，种种有利因素共同推动了这里较低价格的米谷大量输出，因而形成“湖广熟天下足”的说法。

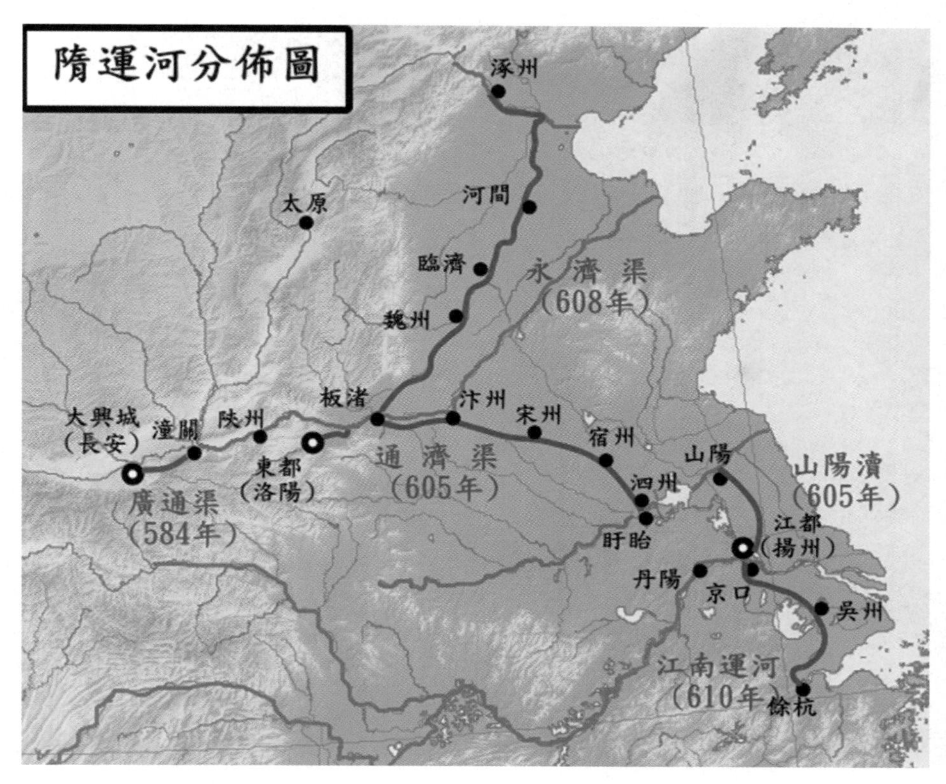

图 3.7　隋运河分布图

这种转变表现了中国历史上经济重心转移的一个重要方面，农业地理的变化又进而影响到其他方面。江南地区完成了从农业作物向经济作物的转型，为其纺织业的发展和城市化提供了动力。特别是明中叶以后，苏州、松江等地出现了许多以生产商品为目的的纺织业机户，他们开设厂房，雇佣工人生产，出现了“机户出资，机工出力”的生产方式，过去曾称之为“资本主义萌芽”，事实上这正是商品经济的一种表现形式。江南的城市化也得到了推动，苏、松、常、杭、嘉、湖等大城市非常发达，还出现了很多繁华大镇，如南浔、盛泽、乌镇、南翔等，都是依赖丝、棉等生产和跨地区贸易而发达起来的。城市人口的比率也迅速提升，城市化在当时达到了非常高的水平，借由经济的发展促进了江南区域的城市化和生活水平的提高。（图 3.8 ）

2. 文艺复兴时期的欧洲经济变化

在同时期的欧洲也出现了类似的经济重心转移的现象。16 世纪前后，欧洲的经济重心从地中海向大西洋沿岸转移。在此以前，欧洲的经济重心在地中海沿岸，这是自公元 1000 年前后欧洲通过地中海重启同东方的贸易以后出现

图 3.8　苏州阊门大街图

的局面，因为从 5 世纪西罗马帝国崩溃和 7 世纪阿拉伯帝国崛起导致了地中海的大部分被阿拉伯人所控制，欧洲退缩到了欧洲内陆，出现了经济和城市的衰败。从公元 1000 年开始，阿拉伯帝国的衰落给欧洲人重新进入地中海一个契机，于是地中海贸易加强，尤其是意大利商人成为地中海贸易的重要中介，他们深入到近东和黑海沿岸，甚至如马可・波罗还一直行进到中国，同时还出现了长达 200 年之久的十字军东征，地中海成为东西方经济和文化往来的重要区域。但是，到中世纪晚期，这种局面又出现了变化，一方面东方出现了强大的奥斯曼帝国，另一方面欧洲人开辟了新的航路，能够绕开地中海从大西洋和好望角进入印度洋，由此兴起了新的经济中心，这就是处于欧洲西北部的荷兰和英国。

14 到 16 世纪既是中世纪晚期，又是文艺复兴时期，同时还是欧洲经济体发生兴衰交替的关键时期。这一时期的三个主角是意大利、低地地区和英国。从市场和贸易的角度来看，英国作为新兴的民族国家为保护本国市场而不遗余力，英国的呢绒业正是在王室和政府的保护和推动下才发展起来的。尤其是王室为谋取利益禁止羊毛出口和促进呢绒制成品的出口，在客观上为英国呢绒业的起步创造了条件，而且正是英国王室与低地地区勃艮第王朝的斗争为英国呢绒进入欧洲大陆市场赢得了立足点，奠定了最初的基础。低地地区的布鲁日和安特卫普集市不仅给予低地地区的呢绒业产品以出口便利，也为英国呢绒进入欧洲大陆找到了立足之处。但安特卫普的衰落最终使低地地区失去了出口渠道，但却给予英国商人独立拓展海外市场进行呢绒出口的契机。到16世纪以后英国组建起的海外公司如利凡特公司等更直接和有效地出口呢绒，带动了本国呢绒业的成功。意大利商人在中世纪时曾经以其贸易和金融方面的优势享有商业霸主的地位，在转口西北欧呢绒产品的同时也出口北国的呢绒产品，垄断了地中海地区尤其是利凡特乃至中、东欧的呢绒市场。但随着低地地区大宗市场的消失和英国呢绒商人的积极进取，意大利的地中海市场受到严重冲击，利凡特市场逐渐为英国的呢绒所充斥，甚至其本国市场也出售起英国呢绒。加上意大利商人的萎靡和其商业的衰败，其在地中海市场的垄断地位动摇并逐渐让位给了英国商人。意大利呢绒业的原料产地和产品市场都日益局限于本国的狭小市场，除了少量高档奢侈品呢绒和丝绸往国外的出口。这种市场贸易和生产模式注定了意大利中世纪首屈一指的经济地位最终丧失。这次经济重心转移改变了欧洲的经济地理面貌，也使其区域空间发生了巨大的变化，西北欧居于首位的情况一直延续到今天。（朱明：《文艺复兴时期欧洲经济体的兴衰》，北京，人民出版社，2012年。）

知识链接3.6

利凡特公司：16—17世纪欧洲重商主义时期的一家殖民贸易公司，伊丽莎白女王于1581年正式向“利凡特公司”颁发贸易专利证书，允许该公司垄断对奥斯曼土耳其的贸易，期限为7年。而且，女王本人也向该公司秘密投资4万英镑，占了该公司全部资产的一半。英国通过“利凡特公司”每年向奥斯曼土耳其出口价值约15万英镑的呢绒。

以上两个案例是分别位于欧亚大陆东西两侧的中国和欧洲的区域空间变化，但我们又不能孤立地看待这两个区域，而是应当将这两个区域联系起来，寻找二者之间的关联。那么用什么作为联系东西方的中介物呢？在这时期的空间中最为活跃的莫过于货币，尤其是白银。

3. 白银和丝茶连接起整个世界

论及19世纪上半叶中国由盛转衰，过去强调的是鸦片的输入和白银的外流，但当我们将空间拓宽以后，就会发现当时中国银贵钱贱的情况是跟外部世界息息相关的，尤其是远离中国的另一个区域——拉丁美洲。从明代中叶开始，

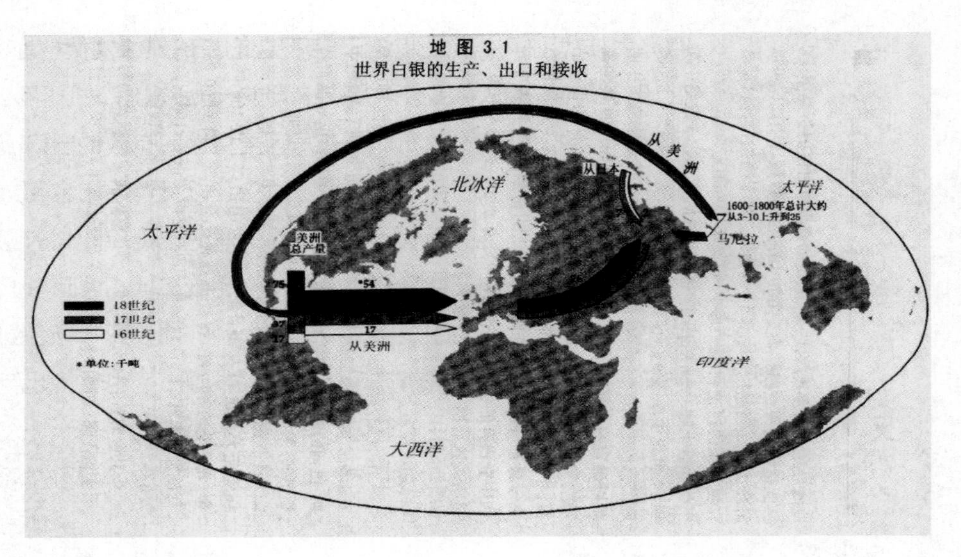

图 3.9　白银流向图

那里生产的白银通过长途跋涉流往中国，在整个 18 世纪，从缅甸和日本向中国的白银出口逐渐停止，因此到 1775 年以后，中国就几乎全部依赖拉丁美洲的白银供应了，并且形成了由白银主导的货币体制。美洲白银涌入中国，除了需要换取中国商品外，还由于中国白银和黄金的比价远远高于欧洲。因此 18 世纪随着白银大规模涌入中国，中国日益被卷入世界经济。然而，在 18 世纪末和 19 世纪初，拿破仑战争和拉丁美洲独立运动（1810—1830），使拉美的政府没法正常开展银矿的开采，导致了白银产量的衰减和向世界供应的减少。19 世纪初的白银减产，导致了英国人没有足够的白银用于支付购买中国的丝绸和茶叶，因此鸦片被用于交换。所以通过空间的拓展，可以更新我们此前的观点，即鸦片输入中国并非导致白银外流的根本原因，相反，却是其结果。（弗兰克：《白银资本》，刘北成译，北京，中央编译出版社，2005 年。）（图 3.9）

同样，这种“蝴蝶效应”掀起的旋风也发生在 19 世纪中叶。这时期的中国已经被深深卷入到世界经济中去，中国和外国的生产贸易密切相关。美国南方生产的优质棉花为英国工业革命中的棉纺织业提供原料，而中国生产的茶叶则为英美两国的转口贸易提供了暴利。中国、英国和美国成为互相高度关联的经济共同体，任何一方的缺失都可能造成其他成员的损失。因此，当太平天国运动在中国发生时，导致了英国茶叶贸易的利益受损，同时美国南北战争则对英国的工业利益造成威胁。面对着两个市场和两场战争，英国最初保持中立，但是最终采取了干预太平天国运动以保证中国丝茶出口稳定的政策，而对美国内战则保持中立。相对于美国的南北战争，英国预计太平军可能严重影响中国的茶叶出口，因此，它决定与清政府军队结成同盟，共同对付太平天国，而对太平天国的干涉则保证了它在美国内战上的中立态度。中国和美国在 19 世纪中叶的这两场内战都产生了深远的影响，而且在当时的国际社会也备受关注，然而英国对这两个事件的不同态度又影响了它们的不同走向，它的介入使清朝又得以延续，一定程度上推迟了中国的现代化，而没有外来势力干涉的美国内战则诞生了一个强大的现代国家。

我们的历史研究应当努力拓宽历史的空间，关注不同区域之间的联系和相互影响。任何一个区域的发展和历史事件的发生，都不可能是孤立的。区域之间和事件之间有着千丝万缕的关系，而只有当我们的视野被拓宽，空间被尽可能宽阔地拉伸之后，才能看到这些千重万重的关系。（司徒琳：《世界时间与东亚时间中的明清变迁》，赵士玲译，北京，生活·读书·新知三联书店，2009 年。）

三、宏观空间

宏观空间层次高于微观空间和区域空间，类似于当前流行的全球史，注重全球的联系和连结。在宏观的空间中进行历史研究，其实有着悠久的传统，司马迁的《史记》和希罗多德的《历史》都是对当时已知世界的全面探索。他们都努力突破自己所处文化和地域的限制，力图了解更广阔范围的世界。在 20 世纪，宏观空间中叙述历史的传统被继承和发扬。20 世纪上半叶即有汤因比的《历史研究》，20 世纪下半叶出现斯塔夫里阿诺斯的《全球通史》（图 3.10）和麦克尼尔的《世界史》，到 20 世纪末则有本特利和齐格勒的《新全球史》等，甚至还出现了超越人类和地球的“大历史”，他们都从更加宏观的空间来叙述人类的历史，视野更为辽阔，给人的震撼也更强烈。

知识链接 3.7

汤因比的《历史研究》：英国史学家阿诺德·约瑟夫·汤因比（1889—1975）所著。以文明为研究单位，从一个宏大的视角出发，将人类史作为一个整体加以考察。在《历史研究》中，汤因比列举了世界历史上的二十余种存活或已经死亡的文明形态，并对它们的各自发展作了综合比较。他认为，文化是通过对环境的“挑战”的应战所遭受的考验而产生的；文化的生长是由那些“退隐”和“复出”的少数伟大人物的历史活动所决定的；文化的衰落来自于少数创造者丧失了创造能力，多数人相应地不再支持与模仿，整个社会失去了新的应战能力；文明的解体在于社会体系和灵魂的分裂。

图 3.10 《全球通史》

从宏观空间来研究和叙述历史，需要注重事物之间的联系性。这种联系超越了国家和民族，特别是同一时间内不同区域出现的相似趋势和事件，而且还突出了过去为我们所忽视的人与其他生物、人与环境之间的互动和影响，可以推动我们对历史的解释向更纵深处发展。

1. 从生态危机到政治危机

长期以来，世界历史的教科书中都将英国 17 世纪革命视作具有划时代的意义。这场“资产阶级革命”起始于 1640 年的议会斗争，新贵族控制下的议会要求限制王权，导致一场内战，克伦威尔率领的议会军队击溃了国王的军队。1649 年英王查理一世被处死，英国成立了共和国。此后历经克伦威尔独裁统治、斯图亚特王朝复辟，直至 1689 年建立起君主立宪制。这场革命被视作推动了资本主义的发展，甚至掀开了世界历史的新篇章，具有划时代的意义。围绕着这场革命的爆发原因，也有过许多定性的争论，有的认为是资产阶级力量上升导致的资产阶级革命，有的认为是清教徒革命或内战，总之，英国的这场革命充满了独特性。（杰弗里·帕克：Global Crisis: War, Climate Change and Catastrophe in the Seventeenth Century，纽黑文，耶鲁大学出版社，2013 年。）

然而，如果我们将目光转向英吉利海峡的对面时，会发现同时期欧洲大陆上也是硝烟滚滚。在法国，爆发了贵族们反对国王的“福隆德运动”，反抗运动遍布法国各地，约有 100 万人死去。欧陆上的许多其他国家则纷纷陷入“三十年战争”的泥淖中，尤其是德意志和北欧诸国。东欧也没有幸免于难，崛起中的俄罗斯遇上了中欧的新兴强国波兰 - 立陶宛联合王国，二者之间的矛盾日益加深。1618 年，由波兰国王带领的联合军队甚至兵锋直指莫斯科，险些使这个城市沦陷。此后 20 余年的战争、饥荒、内战等等，使俄罗斯的人口减少了约四分之一。在遥远的东方，也出现了相似的情况。1644 年满人军队大举攻入山海关，迅速占领北京，明代最后一个皇帝在无望中上吊自杀。

知识链接 3.8

“三十年战争”（1618—1648）：是由神圣罗马帝国的内战演变而成的全欧参与的一次大规模国际战争，也是历史上第一次全欧大战。战争以波希米亚人民反抗奥地利哈布斯堡皇室统治为肇始，以《威斯特伐利亚和约》的签订而告结束。它是欧洲各国争夺利益、树立霸权以及宗教纠纷激化的产物。推动了欧洲近代民族国家的形成，是欧洲近代史的开始。可参 [德] 弗里德里希 · 席勒：《三十年战争史》，沈国琴、丁建弘译，北京，商务印书馆，2010 年。

面对着这些看似巧合的事件，当我们的视野从英国一隅之地扩展到整个欧亚大陆时，就会尝试着寻找一个能够将这些零散事件串在一起的原因。历史学家杰弗里 · 帕克认为，这种全球动荡现象与恶劣天气有关。在整个 17 世纪，太阳黑子运动反常，天气长期异常，“小冰期”（Little Ice Age）造成了干旱、洪水、歉收等等，由此又引发了被迫迁徙、疾病、冲突、内乱，经济活动、社会秩序和政府统治都受到了极大冲击，因而出现了一场全球性危机，从英国到欧陆、从俄罗斯到中国，即使美洲、非洲也在所难免。

这种全球性的景观，以及对诸多类似事件的分析得出的新结论和新观点，只有在我们熟悉的空间被打破，或被拉伸到更大的尺度时才能够形成。而英国资产阶级革命也会被放在新的解释框架当中重新审视和量度。

2. 印度洋的宏观空间

长期以来，历史研究被限制在民族国家的界限内，以政治史、外交史、制度史为主，虽然近半个世纪以来经济史、社会史、文化史的研究越来越多，但仍然较难突破以国家为界的传统。商品流通、人员迁移、文化交流、跨文化贸易、生物交换、技术转移等无法通过有限的国家单位来进行研究，而海洋则为这些主题的研究提供了一个很好的平台，尽量减少了地理造成的限制。西方学术界对海洋史的关注和研究主要局限于地中海、大西洋、太平洋，对于印度洋的重视相比较远远不够。这一方面是由于前三个海洋更为西方人所熟悉，另一方面则是由于印度洋处于东方，从传统思维来看是属于东方学研究的领域，难以与主流学术的关注相提并论。然而，不管在历史上还是现实中，印度洋的重要性却大大超过西方的历史叙述所给予的。印度洋的海洋战略位置一直都非常重要，从前现代的阿拉伯、波斯、葡萄牙、荷兰、英国，到现当代的印度、美国、俄罗斯、日本等，都在这里跃跃欲试，甚至有学者声称正在兴起环印度洋经济圈。

印度洋史研究主要是从 20 世纪中叶开始，很大程度上受到了布罗代尔的影响，布罗代尔可能是首位以海洋命名一个文明的历史学家，他在 1949 年发表的博士论文《菲利普二世时代的地中海和地中海世界》以地中海作为中心，对这片海域以及围绕在周边的人们及其文明进行研究，从整体上对其把握和叙述。因此学者们在撰写印度洋、东南亚或东亚海洋史时往往都冠之以“亚洲的地中海”，以此向布罗代尔致敬。跨区域、跨文明是印度洋历史书写的重要基础，印度洋则成为连结各个区域的重要平台。麦克尼尔重视不同文明之间的交往网络和全球史，促进了对跨越多种文化边界的印度洋世界的研究。印度洋的历史不再被视作资本主义经济世界扩张的单维度的历史，而是跨区域、跨国界层面上的历史，学者们强调边界以外的因素在这个平台上相互作用。海洋史研究在空间上打破国家界限和壁垒，突破过去以国家或民族为中心的叙述，但困扰学者们的一个问题是能否将印度洋界定为一个海洋共同体。布罗代尔在论述地中海时曾极力强调地中海在长时段上的统一性，对于印度洋而言是否也有地中海那样的统一性呢？乔杜里指出，如果从地理和经济因素，如旅行的方式、人们的迁移、经济交换、气候等来看，印度洋有其统一性，然而宗教、社会体系、文化传统却又产生了对立和分歧。

对于印度洋区域的界定，如果按照国家来分，可以从东非经过中东、印度一直到东南亚诸国，如果按照海洋来划分，又可分为西印度洋（从东非到阿拉伯海），东印度洋（孟加拉湾），中国南海（东南亚、风下之地）三个部分。不同的划分标准会产生不同的结果，但是在所有这些划分之上还有一些普遍的、共有的特征，譬如最为明显的就是印度洋的季风（信风），作为结构性的特征有着很重要的意义，季风由地球自转和气候决定，在蒸汽机船时代以前又决定着人们能否出海航行、捕鱼，印度洋周边区域的贸易和交通很大程度上受到季风的控制。其次，印度洋周边的海岸线可以被当作一个整体，既有“海上丝绸之路”，也有香料、胡椒和棉布等在东西方运输，自古就形成了一个国际商品通道和整体的贸易世界。不独商品，人群、劳工的迁徙（古吉拉特人、阿拉伯人、泰米尔人、华人）、宗教的传布（佛教、伊斯兰教、印度教）、旅行者的往来（法显、白图泰、郑和）、信息的流通以及疾病的传播、弗朗机语等等，都使这个区域显示出统一性和整体性。在以往学者的眼中，印度洋作为统一的整体，也是由其长途贸易的节奏所决定的，直到这种贸易方式到 18 世纪中叶被突如其来的变化所打破。印度洋区域甚至也被作为一个整体而纳入到世界体系的框架中去。

印度洋史仍以贸易史为主，其中近代早期又是重点。以 1500 年作为印度洋历史分水岭的看法长期支配着世界史的分期，达伽马为首的葡萄牙人到达印度洋被视作西方人主控印度洋贸易的时代的开端。对这种观点最早的挑战来自范勒尔，他认为在 16 世纪葡萄牙并未能垄断胡椒和香料的贸易，亚洲的海洋贸易仍然具有举足轻重的作用。范勒尔的主张动摇了西方中心模式的地位，并且得到了大多数史学家的认同和支持，他们都认为欧洲人在印度洋的活动一直到 18 世纪中叶都是处于边缘位置，此间亚洲贸易的延续多于变化。斯廷伽尔德（Steensgaard）则认为欧洲商人的影响有限，他提出 17 世纪的“亚洲贸易革命”，认为这时期印度洋的贸易网络出现变化，除了西方贸易公司外还有小本经营商人参与印度洋的贸易。近年来历史学家也越来越强调亚洲本土的大商人，尤其注重对从事贸易的印度王公大贾的研究。本土商人在出口纺织品、进口贵金属等方面，比西方商业公司所占的份额要大得多，与西方公司有着激烈的竞争。除了海洋贸易，印度洋周边腹地的陆上贸易也越来越受到重视，学者们普遍认为，直至 18 世纪中叶，印度与西亚、中亚等地的传统陆上贸易仍然颇具活力，并没有因为西方人的到来而遽衰，如穿越坎大哈的商路，西亚到苏拉特的贵金属流动等。

当研究兴趣从香料等奢侈品贸易和贵金属流通转向日常生活用品时，印度洋贸易的视角就被大大拓宽了。棉布、食品等大宗贸易构成了印度销往东南亚、东亚以及西亚东非等地的的主要贸易产品，这一下层视角弥补了过去专注于香料贸易的不足。即便是香料，在整个亚洲海域范围来看，大多数也都是在亚洲内部消费的。这些商品的贸易在印度洋世界有着重要意义，并且长期为本地商人所控制，西方公司的主导地位要到 19 世纪可能才有所提高。作为对欧洲中心论的逆转，历史学家也开始研究印度洋的贸易和生产对于欧洲的影响，譬如印度的纺织品在 18 世纪对于英法工业革命的作用。

对贸易形式的考察主要是关于从直接航海贸易转变为港口转运。从穆斯林兴起直至 10 世纪，往往是由阿拉伯船只和商人直接抵达和往返中国，中东和中国之间的直接贸易非常普遍，主要由士拉夫、阿曼、海德拉毛的商人负责，他们先抵达印度西海岸信德地区，再沿马拉巴尔海岸穿过印度次大陆，经孟加拉湾和马六甲海峡进入中国南海，最终抵达广州进行直接贸易。但高昂的运输成本使得此后逐渐向转运贸易转变，港口城市成为大宗贸易中转站，如马拉巴尔海岸、马六甲海峡等都成为这种大宗商站。中国也意识到只有直接参与到印度洋贸易中去，才能够获得巨额利润，因此从晚唐开始中国船只进入东南亚，但直到宋初才到达马拉巴尔海岸的大宗商站进行直接贸易。参与贸易的商人群体也受到印度洋贸易史研究的关注。阿拉伯商人是印度洋史研究的重要对象。埃及开罗大量犹太商人书信的发现，使 15 世纪从埃及经由红海到印度的贸易成为热点问题。中世纪亚美尼亚的茹尔法商人（Julfa）以及 16 世纪波斯萨法维王朝时期起被迁往伊斯法罕的亚美尼亚商人群体也成为连接欧洲和印度洋的重要纽带。

印度洋沿岸居民的迁徙被称作“离散”（diaspora），体现了历史上印度洋的广泛联系性。譬如，阿拉伯半岛南部的海德拉毛地区有大量人口迁出到印度洋各地，既有宗教传播目的，也有世俗的经济动机，最初往往迁往印尼、马来亚、东非，到 19 世纪以后则转向沙特和波斯湾国家寻找工作机会。19 世纪中国和印度（包括巴基斯坦）有大规模的劳工迁徙，前者主要往马来世界，后者则遍布从马来到东非的整个印度洋区域。这些迁徙人群在所到国家取得成功，但也普遍受到歧视和排斥。在印度洋各个地区和港口辗转漂泊的还有行商，他们有的是被迫随着季风固定迁徙，有的是在整个印度洋沿岸寻找新的机会。在印度洋上的岛屿，尤其是东非沿海的桑给巴尔、科摩罗、毛里求斯等，早期有许多来自印度和阿拉伯的商人，到西方人到来后建立蔗糖、咖啡等种植园，引进和使用黑人奴隶，到 18 世纪以后又从印度南部引进低种姓的泰米尔契约劳动力，由此给印度洋上的社群增添了种族、信仰和语言文化的多元性。

由此可见，空间尺度的放大可以使我们的视野更为开阔，打破民族国家所限制的历史叙述，使其跨越国界，从更全方位的视角来观察民族国家，过去在民族国家框架内部作出的解释也可以得到修补，目的是为了让我们更加全面、更加深入地理解我们这个世界的共同的历史。

3. 从蒙古和平到大博弈：欧亚大陆的宏观空间

如果沿着我们上面讲到的欧亚大陆的历史在宏观空间中继续前行，就会看到一条逐渐清晰的轨迹，即这个大陆上帝国的扩张，大多遵循一定的规律。

公元 7 世纪，伊斯兰文明兴起，并以极其迅猛的速度向各个方向扩张，在很短时间内兼并了波斯、兵临君士坦丁堡城下，并沿着北非一直扩展到伊比利亚半岛，甚至一度兵锋直至法国中部。阿拉伯人在兼并了波斯后继续向东扩张，直到中亚的河中地区，在今天的乌兹别克斯坦同另一个庞大帝国——唐朝进行了一场战役，号称怛罗斯之战。这场战役可以说是两败俱伤，唐朝损兵折将，但阿拉伯人也很快撤退。

到公元 12—13 世纪，类似的情况再次上演，只不过这次的主角是来自东方的蒙古人，建立了庞大的蒙古帝国，从欧亚大陆的最东端一直扩展到东欧大草原上，形成了四大汗国：元代中国、察合台汗国的河中地区、伊尔汗国的波斯、金帐汗国的东欧，蒙古人在欧亚大陆的统治也缔造了一个“蒙古和平时代”（Pax Mongolia）。到 17—18 世纪，再次出现了多方力量逐鹿欧亚大陆中部的情况。然而到 19—20 世纪，亚欧大陆的中心地带仍然是众矢之的。只不过在该时代，英国和俄国成为主角，而且同以往来自东西方的角逐不同，这时的角逐主要是来自南北两个方向，而且也被冠以一个新的名称：大博弈。

知识链接 3.10

“蒙古和平”：13 世纪，成吉思汗的蒙古军队摧枯拉朽地击溃了敌人建立了横跨亚欧大陆的蒙古帝国。在帝国境内，由于蒙古人采取措施鼓励商业以繁荣经济，发展驿传制度以维持军事占领，亚欧大陆一度出现亘古未有的平静局面，西欧人称之为“蒙古和平”。此形势恢复并促进了东西方之间传统的贸易、政治、文化、宗教往来，各国的商人、传教士、工匠以及使节奔波于沟通东西方联系的古代丝道上。

直至 20 世纪的冷战时期，美苏博弈的主要舞台也是欧亚大陆。二战之后，苏联趁解放本土的余勇向东欧挺近，控制了东欧许多国家，南北打通了亚得里亚海和北冰洋，东西则从柏林墙一直通往三八线，基本上主宰了欧亚大陆的心脏地带，成为超级大国。而美国则是从边缘向中心围堵，东边形成美日同盟，并争取中国，南边联合东南亚国家和伊斯兰世界，西边则组成北约。我们可以从历史当中寻找很多极其类似的情况。

如果硬要给这种现象寻找一种理论解释的话，英国地理学家和政治学家麦金德提出了“陆权论”。他认为，亚欧非大陆连接起大西洋、北冰洋、印度洋、太平洋，构成了一个“世界岛”，其战略位置非常重要，而东欧又是其中的心脏地方，因此谁统治了东欧谁就控制了大陆腹地，也就主宰了“世界岛”，并且能够主宰全世界。在世界历史的实践中，这一规律屡屡出现，但只有当我们在更加宏观的空间中审视历史，即将民族国家的历史置于世界历史当中进行观察时，才能发现这条规律的奇妙之处。（麦金德：《历史的地理枢纽》，北京，商务印书馆，2010年。）

通过微观空间、区域空间、宏观空间的呈现，我们发现，若利用空间的角度来观察历史，人类将更为深入地理解历史。“历史空间”的这三个纬度，层层递进而又相互关联。微观层次除了涉及城市外，还包含着绘画中的空间、具体建筑的空间。这些微观空间在区域层次上可以加以比较，并通过网络被联系起来。最终，在宏观空间中，我们可以突破微观空间和区域空间所造成的局限性，将视野变得更加开阔，从而在新背景下进行比较且联系的历史之研究。（费尔南德兹-阿曼斯托：《世界：一部历史》，北京大学出版社，2010年。）

第四章　历史个体

李磊

引子

20 世纪著名历史学家钱穆先生在比较中西历史学的差异时说：

"（西方史学）主要以事为主，以人为副，人物的活动，只附带于事变之演进中，此种历史体裁，略当于中国史书中之记事本末体"，"中国人则更看重在其事背后的这人，西方人则更看重在由此人所表现出来的事。这是很大的不同"。（钱穆：《中国史学发微》，台北，东大图书有限公司，1989 年，第 83 页。）

史家小史 4.1

钱穆（1895—1990），江苏省无锡人，中国现代著名的历史学家、教育家、儒家学者。代表作：《国史大纲》、《先秦诸子系年》、《中国史学发微》等。

对于这种不同，钱穆先生进行了优劣比较。他说："中国历史有一个最伟大的地方，就是它能把人作中心"（《中国史学发微》，第 84 页），"中国史家著史论史，虽不能人人到达此标准，要之有此一标准之存在。故中国历史精神，实际只是中国之文化精神。重在人，不在事。而尤更重在人之心。"（钱穆：《中国学术通义》，台北，学生书局，1976 年，第 159 页。）

其实，不只是中国史学关注"人之心"，西方史学的源头《荷马史诗》也以人的命运为其关注点。从世界范围来看，几乎所有民族的史诗都是以人为中心展开叙述的。虽然在大历史中，个体是最微不足道的，但历史现象的呈现、历史趋势的展开却都是由大量的、不同选择的个体交互作用而成的。从个体的角度来看，对历史的不同理解、在历史中的不同选择，会导致他们拥有不同的历史命运。

时势造的英雄

虽然历史上的各种因缘际会催生了一些重要人物，但更多的所谓历史英雄其实是时势所造。梁启超在《李鸿章传》中区分了造时势的英雄与时势造的英雄，他说：

> “时势造英雄，英雄亦造时势。若李鸿章者，吾不能谓其非英雄也。虽然，是为时势所造之英雄，非造时势之英雄也。时势所造之英雄，寻常英雄也。天下之大，古今之久，何在而无时势？故读一部二十四史，如李鸿章其人之英雄者，车载斗量焉。若夫造时势之英雄，则阅千载而未一遇也。此吾中国历史，所以陈陈相因，而终不能放一异彩以震耀世界也。”（梁启超：《李鸿章传》，天津，百花文艺出版社，2000 年，第 3 页。）（图 4.1）

在晚晴的时局中，李鸿章是非常重要的人物，在平定太平天国运动与捻军起义、兴办洋务实业、组建海军、主持晚清外交等等一系列重大事件中，李鸿章都扮演着重要的角色，以至于梁启超说：“五洲万国人士，几于见有李鸿章，不见有中国。一言蔽之，则以李鸿章为中国独一无二之代表人也。”（梁启超：《李鸿章传》，天津，百花文艺出版社，2000 年，第 2 页。）然而，在梁启超看来，李鸿章虽然是官僚中的佼佼者，在晚清政局中作出了卓有成效的贡献，但由于他并不能摆脱数千年思想习俗义理的束缚，不能了解国民之原理、世界之大势、政治之本原，因而也就不能成为造时势的英雄。

梁启超认为，二十四史中的大量英雄都是这样的时势所造的英雄。宋太祖赵匡胤便是显著例证。

众所周知的是，赵匡胤建立宋朝，大致结束了五代十国半个多世纪的分裂局面。几十年来那么多五代君主想做的事情，赵匡胤似乎不太费气力地便都做到了。其实，赵匡胤称帝之前的几个王朝，后唐、后晋、后汉、后周都是从同一个军事集团中发展、延伸而来，彼此之间是承接关系。这种连续性的发展，

图 4.1　李鸿章

图 4.2　宋太祖坐像

使得中国北方到了后周时期，已经大体具备了统一南北的条件。特别是在后周太祖郭威执政时期，一举扭转唐末五代以来的颓败风气，表现出振作之气。郭威自身生活俭朴，下令凡是珍华悦目之物，都不得送入宫中，作出了极好的表率。郭威体恤民情，革除前朝诸般弊政、惩办贪官，减轻赋税与刑罚，使得社会趋向于安宁、生产得到较大恢复。（图 4.2）

郭威只做了三年皇帝便病死了，皇位由他的内侄、义子柴荣继承。柴荣雄才大略，他有着“以十年开拓天下，十年养百姓，十年致太平”的远大志向与战略规划。与郭威一样，柴荣关心民间疾苦，制定政策促使逃户回归、奖励开垦荒芜的庄田、限制寺院经济的发展，并均平赋税、改革铸钱，浚通江淮间的数条河流，使得江淮之间的水利建设、交通建设都得到较大的发展。更重要的是，柴荣推行军事改革，增强了军队的战斗力。以此为根基，柴荣向西夺取后蜀的四州之地，向南三征南唐，获得江淮之间的大量土地，震慑了南方各种势力。稳定南方战线后，柴荣又北伐辽朝，夺取三州、三关、十七县，这是五代以来对辽战争所取得的最辉煌成果。柴荣被《旧五代史》的撰写者称为“神武雄略，乃一代之英主”。（薛居正等：《周世宗纪》（六），《旧五代史》卷 119，北京，中华书局，1976 年，第 1587 页。）

柴荣在北伐辽朝的途中患病，返回汴京后去世。这样，赵匡胤因缘际会而“黄袍加身”、登上最高权力宝座，其实不过是坐享其成的时势所造之英雄。

有趣的是，即便是赵匡胤以抗御辽朝入侵为名离开汴京、在行军途中被将士们“黄袍加身”的程序也是因袭后周而来。

由此可见，无论是赵匡胤的帝业，还是他皇位合法性的来源，其实都是时势所“造”。

促成历史变化的酶

在中国传统社会中，还有相当一批人秉持着“事了拂衣去，深藏身与名”的心态参与到历史的变局中去。对于秉持这一观念的人来说，范蠡是其学习的榜样。范蠡的典型形象在战国时期就已经奠定。战国时著名的谋士蔡泽曾以范蠡为例说明处世要“信而能诎”、“往而能返”，他认为正是因为范蠡懂得这个道理，所以“超然辟世，长为陶朱公”。（司马迁：《史记》卷 79《蔡泽传》，北京，中华书局，1982 年，第 2423 页。）

范蠡是以辅佐越王勾践成就霸业著称。公元前 494 年，勾践准备在吴国伐越之前先攻击吴国，范蠡予以劝戒，勾践不听，越国惨败。范蠡定计贿赂吴国太宰，使越国避免亡国之祸。勾践在吴国为人质的三年间，范蠡一直陪侍左右。

范蠡返回吴国后，提出以农业立国的政策，为越国复兴打下物质基础。公元前482 年，吴王夫差率军北上争霸，越国偷袭姑苏，范蠡截断夫差退路。逼迫吴军祈和。此后，越国又两次进攻吴国。夫差派遣使者请求为勾践臣虏。在勾践不忍心拒绝，打算同意吴国请求之时，范蠡当即回绝了吴国使者，并鸣鼓进军，灭亡了吴国。（图 4.3）

可以说，在吴越争霸的舞台上，每到关键时刻，范蠡都提出了正确的解决方案，对越王勾践的霸业贡献十分巨大。然而，范蠡认为他自己在大名之下、难以久居。他写信给文种说："蜚鸟尽，良弓藏；狡兔死，走狗烹。越王为人长颈鸟喙，可与共患难，不可与共乐。子何不去？在写给勾践的信中，范蠡说了他离开的理由："臣闻主忧臣劳，主辱臣死。昔者君王辱于会稽，所以不死，为此事也。今既以雪耻，臣请从会稽之诛。"意思是范蠡已经完成了帮助君王"雪耻"的职责，此前勾践受辱时，范蠡应该受到惩处，现在可以施行了。勾践曰："孤将与子分国而有之。不然，将加诛于子。"范蠡丝毫不畏惧，他说："君行令，臣行意。"不理会勾践的威逼利诱，装其轻宝珠玉，与其私徒乘舟出海，再也没有回到越国。

在中国古人的评价中，范蠡在君主危难的关头不离不弃，又帮助君主复国雪耻，已经尽到了为臣之道。另一方面，范蠡及时体察了君主的御下之策，以离开的方式保全了自己，也保留了自己的尊严，在范蠡走后，勾践以会稽山作为范蠡的奉邑。范蠡的人生选择是一种既体现能力、又体现忠心、还能保持独立人格的最佳选择。

与范蠡相比，勾践的另一位谋臣文种则有不同的选择。他没有功成身退，称病不朝，消极不合作。这却引来被人举报谋反的祸端，勾践赐其剑，迫使他自杀。司马迁在编撰《史记·越王勾践世家》时，将范蠡、文种事迹对照叙述，他毫不掩饰对范蠡人生选择的欣赏，评价范蠡"三徙，成名於天下，非苟去而已，所止必成名"（司马迁：《史记》卷 41《越王勾践世家》，北京，中华书局，1982 年，第 1755 页）。这句话的意思是，范蠡的成名在于他知道进退，也就是在最合适的时机作出最正确的事情。这是需要非常高的智慧的。正因如此，范蠡成为中国人人生安排的最佳样板。

从历史发展的结果来看，范蠡这类人深度参与了历史的进程，最后却又功成身退。此类似于化学实验中参与化合过程、却又以原始形态析出的"酶"。

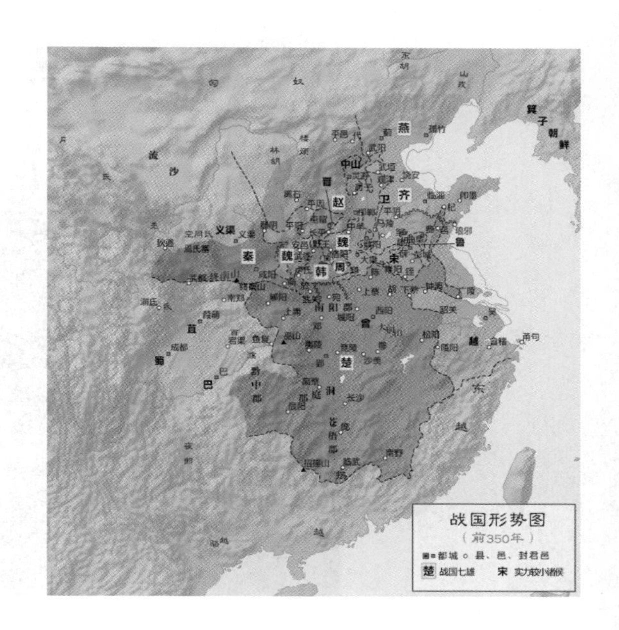

图 4.3　越灭吴后的战国形势图

知识链接 4.4：

夫仰禄之士犹可骄也，正身之士不可骄也。彼正身之士，舍贵而为贱，舍富而为贫，舍佚而为劳，颜色黎黑而不失其，是以天下之纪不息，文章不废也。

——方达：《荀子》，北京，商务印书馆，2016 年，第 549 页。

以身殉道的人

范蠡所处的春秋战国时代，社会不断变动，个人利益与社会道德之间常常难以协调统一，迫使个人做出选择。范蠡之所以受到后世推崇，正在于他很好处理了个人出处上的难题，既遵守了政治道德、立下了功业，又得以明哲保身。面对这一伦理上的选择困境，春秋战国时代的思想家们曾经给出了多种答案。其中，儒家思想家提出的节义观，特别注重社会责任，并将社会责任与天道联系在一起。在孔子、孟子、荀子的表述中，无一例外地都认为只有通过“谋道”、“殉道”、“不离道”才能实现人生价值。

图 4.4　无锡东林书院

知识链接 4.5

儒家之“道”：君子谋道不谋食。君子忧道不忧贫。（《论语·卫灵公》）

士不可不弘毅，任重而道远。仁以为己任，不亦重乎？死而后已，不亦远乎？（《论语·泰伯》）

天下有道，以道殉身，天下无道，以身殉道。（《孟子·尽心上》）

故士穷不失义，达不离道。（《孟子·尽心上》）

夫仰禄之士，犹可骄也，正身之士不可骄也。彼正身之士舍贵而为贱，舍富而为贫，舍佚而为劳，颜色黎黑而不失其所。是以天下之纪不息，文章不废也。（《荀子·尧问》）

到了汉代以后，儒家的节义观成为社会的主流价值观。在历史变动中，尽管个体会遇到各种各样的选择困难，但在公共舆论中、在终极价值领域内，道义成为不可动摇的正义准则。

东汉后期，宦官专权，纲纪废弛。针对这种“非义”的政治生态，关心时政的人们以言论为批判的武器，社会舆论显示出巨大的政治影响力：“京师游士汝南范滂等非讦朝政，自公卿以下皆折节下之”（范晔：《后汉书》卷 53《申屠蟠传》，北京，中华书局，1965 年，第 1752 页）；“渤海公族进阶、扶风魏齐卿，并危言深论，不隐豪强。自公卿以下，莫不畏其贬议，屣履到门”（范晔：《后汉书》卷 67《党锢列传》，北京，中华书局，1965 年，第 2186 页）。在认同腐败寻求个人利益、还是认同正义追求社会公平这两个选项中，生活在东汉后期的人们毫不犹豫地选择了后者。

正义的批判声引发宦官势力的报复。桓帝延熹九年（166 年）和灵帝建宁二年（169 年），由宦官控制的朝廷，将批判者加上“党人”的罪名进行镇压。尤其是建宁二年的第二次党祸，上百人的著名人士被处以极刑，有幸逃脱者也被通缉。还有数百人遭到“禁锢”——罢免官职，禁止入仕，不久株连族人。这在历史上被称为“党锢之祸”。

丧失了正义性的东汉王朝毫无悬念地走向了终结。但在党锢之祸中，中国社会展现出一致的道义选择。虽然此时形势危急，党人被书名王府、禁锢终身，但其名声反而更高。如上述来自于汝南郡的京师游士范滂，在回乡之际，“汝南、南阳士大夫迎之者数千两”，“天下士大夫皆高尚其道，而污秽朝廷”，“海内希风之流，遂共相标榜，指天下名士，为之称号”。（范晔：《后汉书》卷 67《党锢列传》，北京，中华书局，1965 年，第 2195、2206、2187 页。）生活在东汉时代的人们真正做到了“舍生取义”。所以明清之际的思想家顾炎武说：“三代以下风俗之美无尚于东京者。”（顾炎武：《日知录集释》卷 13《两汉风俗》，[清]黄汝成集释，栾保群、吕宗力校点，石家庄，花山文艺出版社，1990 年，第 587 页。）

晚明又是一个宦官乱政的时代，在强势的宦官势力面前，明朝许多官员选择了为虎作伥结成阉党，以维护其个人利益。在明熹宗天启年间，魏忠贤弄权，自内阁、六部至四方总督、巡抚，大多投靠魏忠贤，号称魏忠贤门下“五虎”、“五魁”、“十狗”、“十孩儿”、“四十孙”。阉党将正义之士打入黑名单《点将录》，指示厂卫进行调查。在此危难关头，东林党人挺身而出，以阳谋的形式彰显阉党罪恶。东林党人杨涟上疏弹劾魏忠贤二十四大罪，朝野震惊。但明熹宗被宦官集团所左右，东林党人随即又有七十多人上疏弹劾魏忠贤不法，明熹宗仍旧不听。

为了报复东林党人，魏忠贤于天启五年（1625 年）构陷东林党人，将东林党领袖杨涟、左光斗、魏大中、周朝瑞、袁化中、顾大章等皆逮捕拷问。为了彻底击败东林党，魏忠贤又在次年（1626 年）诬陷周起元、高攀龙、黄尊素、周宗建、缪昌期、李应升、周顺昌等七人欺君蔑旨，并下令将七人押解到京师。与杨涟等人一样，高攀龙等人也与阉党作了激烈抗争。高攀龙不愿受辱，在家自尽。逮捕周顺昌之举更是激起苏州的民众抗议。为了保护周顺昌，有五位平民与锦衣卫搏斗，数十万民众聚集于现场，蜂拥大呼，势如山崩。锦衣卫们被民众驱逐得四处逃窜，被打死一人，其余皆负伤，翻墙而逃。在苏州城外，当地百姓听说锦衣卫要逮捕黄尊素，也赶来围攻锦衣卫。在常州，逮捕李应升的现场，也聚集了数千民众前来抗议。

在监狱中，不论是杨涟、还是周顺昌等人虽遭酷刑，但均宁死不屈，慷慨对簿，词气不挠。周顺昌每次遭提审拷问，必大骂魏忠贤，锦衣卫指挥使将周顺昌牙齿椎落，问他还能否骂魏忠贤，周顺昌噀血唾其面，骂得更加厉害。这些东林党领袖最后都死于狱中。东林党人以正义为武器、以民心为后盾与掌握国家机器的阉党进行殊死的斗争。在这场事关明朝生死存亡的斗争中，无论是东林党人，还是普通民众都展现了视死如归的精神。

不只是中国如此，接受了儒家的朝鲜社会，也以道义作为最高价值选择。在朝鲜王朝（1392 年—1910 年）建立后，读书人深入学习了儒家伦理思想，他们中间有不少人秉持着道义理想，以批判精神对待现实社会，这些读书人被称为“士林派”。因为士林派对正义的秉持，因而与追逐权力的官僚集团发生剧烈的冲突。在 16 世纪末到 17 世纪前半期的 50 年间，士林派遭到四次士祸，大批秉持道义者被压制、残害。如戊午士祸中（1498 年），道学领袖金宗直被剖棺斩尸，弟子金宏弼被流放。己卯士祸中，道学领袖赵光祖服毒自尽。乙巳士祸中，道学领袖李彦迪被流放。一直要到 17 世纪，士林派抗争的正义性才得到朝野的一致认可，在历次士祸中罹难的金宏弼、郑汝昌、赵光祖、李彦迪，加上道学大家李滉得到了配享于文庙这一文人所能享受的最高待遇。

赵光祖《静庵集》卷 3《参赞官时疏》对半个多世纪以来士林派前赴后继、不计生死抗争的心理动力进行了描述：

> “为己谋甚且主导于世者，不敢以抵抗之志、直率之语呼号怨怒，俯察上下、周旋左右以保存自身及妻子者多，此非事君忧国之人。凡不顾自身、只为国谋、遇事果敢不计祸患，乃正直之士之用心。”

正直之士的用心，正在于在危难面前不顾自身、只为国谋。

寄生者与食腐者

上文所述时势造的英雄、促成历史变化的酶、以身殉道的人，其实都是有远大抱负的人。还有一类人，也对历史变化非常敏感，但他们的出发点不是某某理想，而是最切实的利益，为了利益他们不惜改换门庭，只为达成目的。因此，他们的行动对既有体制是一种潜在的破坏。当旧体制无可避免地崩坏时，他们便由旧体制的寄生者快速发展为食腐者。

自明初废丞相以来，皇帝既是国家元首，又担负起首席行政官的职责。为了应对繁复的政事，内阁制度与司礼监批红制度逐步发展起来。然而，无论是内阁、还是司礼监，都不具备独立的决策权，他们只是代理皇权。正是在这个意义上，在制度层面，皇权便存在着被窃取私用的可能性。处在这个位置上的人，也便成为体制的寄生者。

知识链接 4.7

廷议与批红："廷议"，即廷臣会议，是明代朝廷的议事制度。廷议的具体方式多为按部门以商讨问题的形式进行。明制，廷议的结果须上奏皇帝，廷议意见不一致时，应摘要奏闻皇帝作裁决。有明一代，廷议所涉及的内容主要是位号、祭祀、官制、人事、财政、军事等方面。参加廷议的人数因所议内容而异，少则三十余人，多则百余人。"批红"，亦称"批朱"，明代往往由宦官代行。明初内臣不许读书识字。宣宗以后，宦官渐通文墨，凡每日奏章文书，除皇帝亲批数本外，皆由司礼监掌印、秉笔、随堂太监分批。初时规定，批红须遵内阁票拟字样，只是字迹有偶误者，方得改正。明制，群臣奏进文书，由皇帝亲批数本，其余由司礼监官按阁票所拟字样照录，或奉旨更改，用朱笔批之，称"批红"。清代，内阁进本拟签，经皇帝定后，学士照签以朱笔批于本面。

刘瑾是明朝权阉的典型之一。在正德帝朱厚照还是太子的时候，有八个宦官对他影响力甚大，被称为"八虎"，刘瑾便是其中之一。朱厚照继位后，八虎引导他外出寻乐，于是为外朝官僚所攻击。在外朝官僚与八虎的斗争中，正德帝感到自己为群臣所胁迫。刘瑾利用朱厚照的这种不安心理，说服他拒绝外朝惩办八虎的建议，并怂恿他以可信之人入职司礼监以控制外朝。这样，刘瑾得以顺利进入司礼监，以后又成为掌印太监，拥有了对僚臣奏章的批红权。在刘瑾获得权力的过程中，明面上是他为正德帝考虑，实质上是他为自己升迁铺平道路。

刘瑾掌握大权后，继续以皇帝的名义迫害大臣，并以此树立自己的威望。正德二年（1503 年）三月，刘瑾为了折辱大臣，让他们跪在金水桥听诏，将大学士刘健、谢迁，尚书韩文、部曹李梦阳等打为奸党，逐出朝廷。正德三年（1504 年），刘瑾在早朝时发现攻击他的匿名书帖，为了追查书帖的来源，他居然命令朝臣跪在奉天门下。连续三天，问询三百多人。有数人因日晒干渴而死。为了对付官吏，刘瑾制作重达一百五十斤的大枷；让六道给事科工作七个时辰。刘瑾的权威树立起来以后，他被称为"立皇帝"。各衙门都将奏章送至刘瑾处，称为红本，送往通政司给皇帝审读的奏章被称为白本。刘瑾常将红本带回自己私宅与同党商定答复。正德五年（1510 年）以前的奏章批复实际上体现的是刘瑾的政见。

刘瑾是陕西人，他的乡土观念很重。刘瑾的同党、内阁首辅焦芳是河南人，特别憎恶南方人，每罢免一个南方人，焦芳就很高兴，即使是论古人也一定要表扬北方人、诋毁南方人，焦芳还作《南人不可为相图》进献给刘瑾。刘瑾接受焦芳的意见，规定浙江余姚人不许为京官，裁减江西乡试贡额 50 人。刘瑾、焦芳为北方士子考虑，增加陕西乡试员额 100 人、河南乡试员额 90 人。按照当时的科举制度，会试是按照举人的地域分卷录取，南直隶应天、苏、松诸府、浙江、江西、福建、湖广、广东举子考南卷；南直隶凤阳、庐州、滁州、徐州、和州诸府、四川、广西、云南、贵州考中卷；北直隶顺天诸府、辽东、大宁、万全三都司、山东、山西、河南、陕西考北卷。为了让更多的北方举子考上进士，刘瑾于正德三年（1508 年）废除中卷，将中卷的大部分名额并入北卷。刘瑾以其所借之皇权改革科举、以符合自己的利益。

正德帝驾崩后，因无子嗣，是以由其堂弟朱厚熜继位，改年号嘉靖。他在位期间最有名的权臣是内阁首辅严嵩。有趣的是，严嵩虽然在后世以奸相著称，然而在刘瑾执政时代他却是清流中人。严嵩是江西人，因刘瑾、焦芳罢黜江西籍贯的官员而辞官，他也对正德年间的朝政多持批评的态度。嘉靖帝是由外藩继位的，因而在他当皇帝之初，他的首要任务是追封自己的亲生父亲为皇帝，这一打算遭到了朝臣的反对，引发了“大礼议”之争。嘉靖十七年（1538 年），严嵩反对嘉靖帝将自己的父亲献皇帝称宗、入太庙，结果遭到嘉靖帝的斥责。从此，严嵩便以恭顺的形象出现在明世宗面前。（图 4.5）

严嵩的政敌是夏言。夏言原本已经被罢官，严嵩听闻嘉靖帝在案几上写下夏言的名字，知道嘉靖帝对他还有眷恋之情，于是主动请求启用夏言。夏言入阁后，处处排挤严嵩，严嵩忍让，在嘉靖帝面前一直保持着谦虚谨慎的形象。严嵩善于体察嘉靖帝心意。嘉靖帝原本支持夏言收复河套的战事规划，后来又有所动摇，严嵩发觉后，立即声称收复河套的政策不可行。这既是对嘉靖帝的支持，也是对政敌夏言的攻击。夏言因此下台，再被严嵩置于死地。无论是谦恭还是为上代言，严嵩都是以此取得嘉靖帝的信任。

由于嘉靖帝的信任，严嵩的权势超过明朝任何一任内阁首辅。即便是内阁次辅徐阶的儿子拜谒严嵩，徐阶父子也要为此商议两日夜。严嵩家的管家也被官僚士大夫们争相结交，被尊称为萼山先生，士大夫们以与其游处为荣。严嵩为世所诟，主要是揽权与贪贿。

严嵩的揽权与贪贿，是以权谋私，其行为往往损害社会正义。严嵩为内阁首辅期间，正是倭寇猖獗时期。可以说，正是严嵩官僚集团在抗倭战争中的出

图 4.5　明世宗坐像

发点是为了巩固自己的权势，并借以打击异己，因而造成抗倭战争的旷日持久。嘉靖三十三年（1554 年），南京兵部尚书张经被任命为抗倭统帅，获得不少胜利。此时，工部右侍郎赵文华也来到江南。赵文华是严嵩义子。严嵩为了避免遭人弹劾，因而保举赵文华为通政使，后来又加赵文华工部右侍郎衔。在朝廷议论倭寇问题时，赵文华提出以祭祀的方式解决倭寇侵扰，于是被嘉靖帝派来江南。由于张经没有向赵文华献媚，赵文华便向朝廷诬告张经放纵倭寇侵略、等倭寇撤退时再尾随攻击余寇立功。这不仅抹杀了前线将士的战功，而且也陷害张经至必死之地。在大是大非面前，严嵩选择支持赵文华，于是朝廷下令逮捕张经。恰逢此时，张经取得了自有倭患以来“战功第一”的王江泾大捷。赵文华上疏冒功，说正是由于他的督师，张经才被迫出师。朝廷相信赵文华，将张经斩首，将为

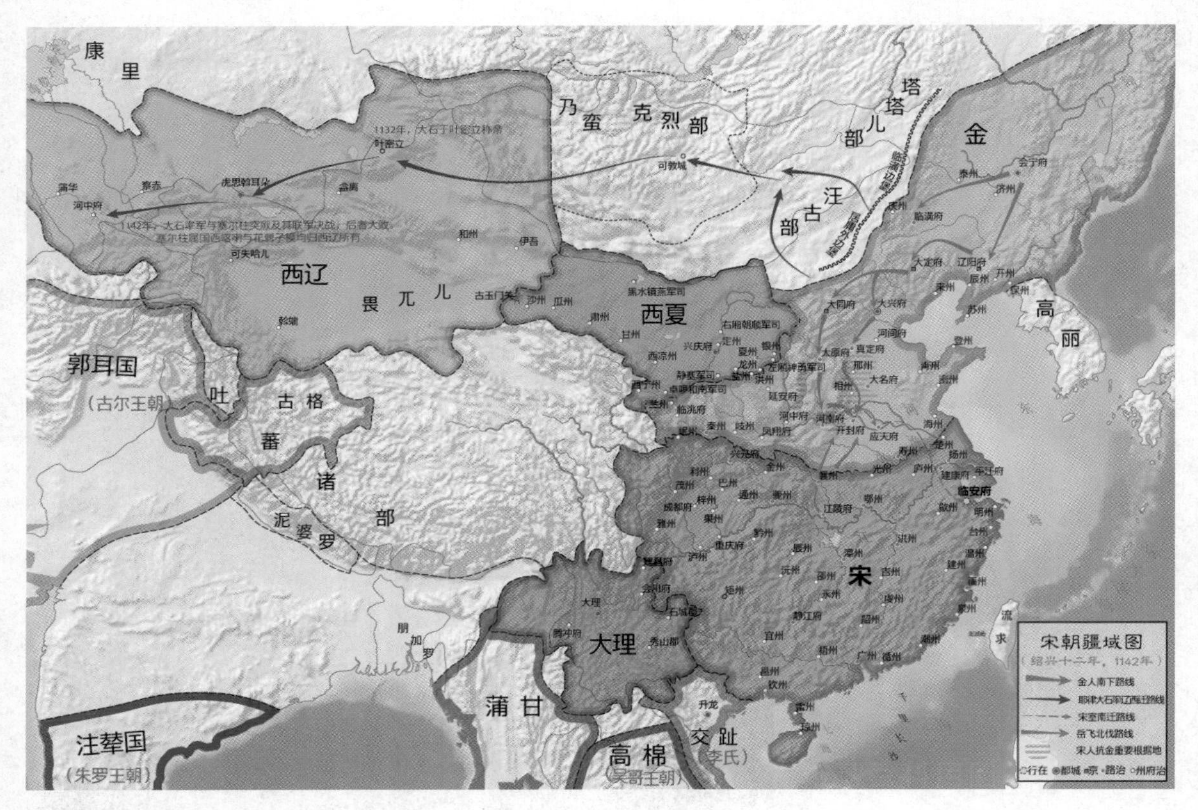

图 4.6　多民族政权并立（1142 年）

张经求情者打为“党奸”。赵文华打倒了张经，在江南地区树立了严嵩一党的权威，于是文武官员争相向他们行贿，功劳、罪过往往因严嵩、赵文华而颠倒。赏罚不明、黑白颠倒使得明军的军事行动受到极大牵制，倭寇的气焰更加嚣张。

知识链接 4.8

倭寇：泛指 14 至 16 世纪侵扰劫掠中国和朝鲜沿海地区的日本海盗，除沿海劫掠以外主要从事中日走私贸易。其根据地包括冲绳、壹岐、平户岛、五岛列岛、种子岛和台湾、海南岛，以及中国、朝鲜半岛的沿海岛屿。倭寇的组成并非仅限于日本海盗，只是由于这批海盗最初都来自日本（当时称为倭国），所以被统称为“倭寇”。古代倭寇主要分为前后两期。前期倭寇以日本人为主，目的是为了报复蒙朝联军的侵略和女真海盗的掳掠；后期倭寇基本上是中日混编队，起因为明朝的闭关锁国（海禁）政策。

上述刘瑾、严嵩是明朝司礼监、内阁权臣窃取皇权以权谋私的典型，他们是在明朝机体还算健康的情况下以寄生的方式为己谋利。当一个王朝经不住蛀虫的贪腐最终倒下的时候，大批的食腐者蜂拥而至。

最典型的莫过于金朝统治瓦解后在华北崛起的汉人世侯。蒙古与金朝战争爆发后，金朝迅速崩溃。这一崩溃未必是蒙古军事打击所致，更多来自于金朝内部汉人豪强势力的背叛。严实原本是金朝东平行台的百夫长，为金朝守长清，但金军怀疑严实投靠宋朝，故派军围剿，严实于是叛金，反复两属于南宋、蒙古之间，在金末成长为山东地区的一大势力。山东的另一大势力由李全率领，李全在金末起兵于潍州，往来于胶西、淮北之间。他一方面向蒙古朝贡，另一方面又以"反正"之名获取南宋的钱粮，发展成为一支割据势力。

在河北地区，金朝放弃中都后，汉人豪强势力崛起。其中一支以张柔为领袖。张柔先被金朝中都经略使苗道润授为定兴令，此后张柔接受蒙古官职，扩大势力，控制河朔一带。燕京的汉人豪强史秉直父子投靠蒙古后，在金末政局中以真定地区为中心成为河北的最大地方势力。

在王朝崩溃期，地方豪强崛起，如食腐者一样加速了旧王朝的灭亡。不只是金朝如此，东汉、唐朝、元朝莫不是如此。然而，食腐者只是作为一种以势利为依归的破坏力量存在，只能在新旧王朝过渡期短暂地存在，一旦出现更有理想主义色彩的建设性力量、或者是更具有组织性的新势力，食腐者的割据势力便会成为被克服的对象，或被剿灭、或被收编成为新体制中的一员。金末的豪强势力，大多归附于蒙古，最后被元世祖所削弱、并被吸收进元朝的政治体制中去。（图 4.6）

历史变化中的不倒翁

历史变化往往意味着在旧制度下生存经验的失效。对于历史个体而言，如何让自己不随着历史变化而倒霉，这成为一个普遍性的问题。尤其是在剧烈变化的乱世更是如此。

南北朝末期，南北、东西之间的势力均衡被打破，各种势力分化组合的速度加快，这对于历史个体而言是一个高风险的时代。以著名文人颜之推为例，他原本生活在南方梁朝都城建康，但由于侯景之乱，建康陷入兵火，故而颜之推逃亡到地处长江中游的江陵，被梁元帝任命为散骑侍郎。虽然梁元帝平定了侯景之乱，但是江陵却被西魏乘虚攻陷，颜之推被西魏所俘获，押送至北方。为了回到南方，颜之推从弘农渡河，先往北齐，准备借道前往南方。可是，正当他谋划从北齐迁往南方之时，传来南朝改朝换代的消息，他被迫留居北齐，官至黄门侍郎。不幸的是，北齐为北周所灭，颜之推被北周征为御史上士。不久，北周又被隋朝取代，颜之推成为隋朝东宫学士。纵观颜之推六十余年的一生，行迹遍及江南、荆楚、关中、山东，经历了五个王朝，其间政权更迭、皇位更迭更不知凡几。颜之推自己说，他见到了乱世中有太多的人由贵转贱，因而他将一生的思考写在《颜氏家训》中以教育子孙如何在历史变化中保持家族之不衰。

知识链接 4.9

侯景之乱：

中国南朝梁武帝萧衍统治末年东魏降将侯景发动的叛乱。萧衍自天监元年（502）称帝后，在长达40多年的统治中，一贯执行宽纵皇族优待士族的政策，大大加速了士族的腐朽过程，使统治集团中贪残、侈靡、轻视武备之风日益严重，吏治极端黑暗，阶级矛盾空前尖锐，形成了“人人厌苦，家家思乱”的严重局面，这就给侯景之乱的得逞以可乘之机。

——《中国大百科全书》总编委会：《中国大百科全书》（9），北京，中国大百科全书出版社，2009年，第568页。

自丧乱以来，诸见俘虏。虽百世小人，知读论语、孝经者，尚为人师；虽千载冠冕，不晓书记者，莫不耕田养马。以此观之，安可不自勉哉。若能常保数百卷书，千载不为小人也。

父兄不可常依，乡国不可常保，一旦流离，无人庇荫，当自求诸身耳。谚曰：“积财千万，不如薄伎在身。”伎之易习而可贵者，无过读书也。世人不问愚智，皆欲识人之多，见事之广，而不肯读书，是犹求饱而懒营馔，欲暖而惰裁衣也。夫读书之人，自羲农已来、宇宙之下，凡识几人、凡见几事，生民之成败好恶固不足论，天地所不能藏鬼神、所不能隐也。

——《颜氏家训·勉学》

以颜之推的流亡经验来看，有一技之长者可以在乱世中求生。而最容易获得的技艺就是读书。读书既是容易做到的，也是能够改变命运的，它可以使人从下层往上层流动。颜之推的这种观点为后世所普遍接受。宋真宗所作的《劝读诗》也是同样的意思：

> 富家不用买良田，书中自有千钟粟。
> 安居不用架高堂，书中自有黄金屋。
> 娶妻莫恨无良媒，书中有女颜如玉。
> 出门莫恨无人随，书中车马多于簇。
> 男儿欲遂平生志，五经勤向窗前读。

宋真宗认为富贵、安居、婚姻等等人生的重要事宜都可以通过读书入仕予以解决。

而在中国历史中，凭借文化在乱世中保全自己、成为不倒翁的最著名的人是五代时期的冯道。冯道历仕后唐、后晋、后汉、后周，为四朝宰相。他在未发迹时曾写有诗歌表达他在乱世中生存的人生哲学：

> 莫为危时便怆神，前程往往有期因。
> 终闻海岳归明主，未省乾坤陷吉人。
> 道德几时曾去世，舟车何处不通津。
> 但教方寸无诸恶，狼虎丛中也立身。

冯道认为：在乱世中不能悲观失望，既要坚信自己的前途，也要坚信世界会更好；要相信在乱世中仍然有道德的存在，也要修炼自己内心，与人为善；如果能够做到这些，便能够即便是在“狼虎丛中”，也能立足。冯道的一生如实地履行了他这首诗歌中的人生哲学。

冯道出生于半耕半读之家，年轻时品行敦厚，不以清贫为耻。他学习勤奋，恭孝父母。在唐末的藩镇格局中，冯道以其文化才能做过多个藩镇的幕僚，特别是出任河东节度掌书记成为晋王李存勖的文职幕僚，这是他登上文官领袖顶峰的第一步。后唐建立后，冯道出任户部侍郎、翰林学士。李嗣源夺取皇位后，冯道升迁至中书侍郎、同中书门下平章事，成为宰相。后唐闵帝李从厚、末帝李从珂时代，他继续做宰相。后晋建立后，冯道担任过司空、同中书门下平章事、加司徒、兼侍中。石重贵继位，加冯道太尉。后汉时，冯道加太师、奉朝请。后周时仍为太师、中书令。（图 4.7）

冯道之所以能够长期担任不同王朝的宰相，并不是因为他善于投机。恰恰相反，冯道之所以能够长在宰相之位，主要原因之一是他在品行上无亏，历代王朝为了表现尊重德行，不得不任命他为宰相。

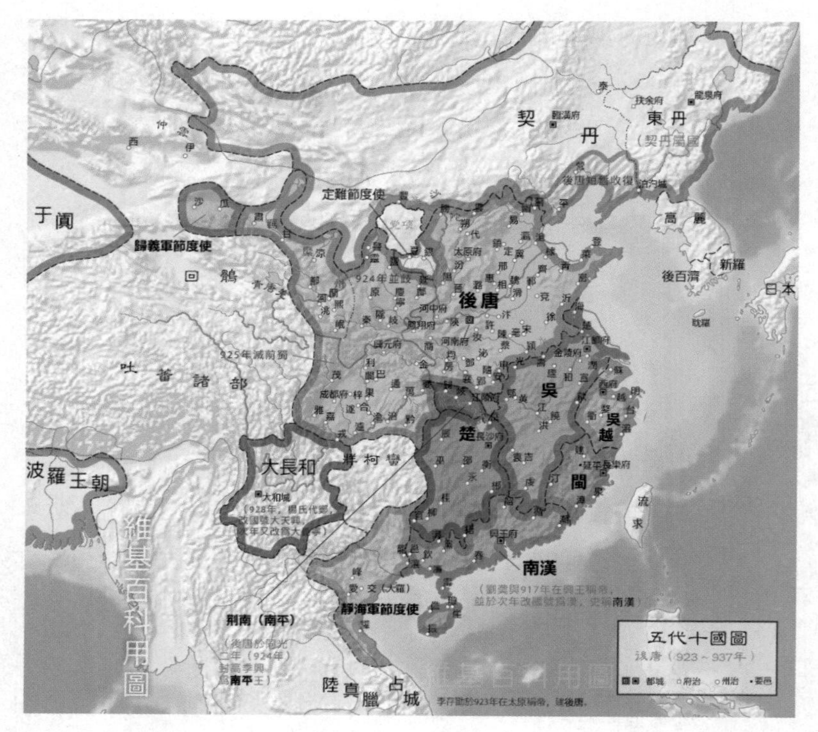

图 4.7　后唐时局图

早在居乡之时，冯道便以德行著称于世。遇到生产有困难的人家，冯道主动帮助其耕田，为了避免为人所知，他都是夜里下田。遇到灾荒，冯道更是尽其所能周济乡里。冯道生活极为俭朴，他在军中时，所居为一茅屋，睡觉就躺在一捆牧草之上。军将送给他掠夺来的妇女，他都安置在别的房屋中，等待妇女亲友访寻而来，再将她们送走。

在为政上，冯道也不会为了惜命而刻意曲意迎奉君王的意旨。冯道出任河东节度掌书记时，晋王李存勖不愿接受大臣的意见而让冯道起草文告、表示避路让贤。尽管冯道面对着盛怒的晋王，被晋王一再催促，但他正色拒绝起草文告，并告诉晋王为政的道理，不可将君臣矛盾宣之于众，以防被野心家利用危害天下安宁。后来李嗣源遭到李存勖疑忌、发动兵变夺取皇位，冯道也不因自己曾为前朝重臣而自疑。当李嗣源在发展社会生产、安定社会生活上取得很大成就时，冯道逆言进谏，告诫李嗣源要在太平时仍旧兢兢业业，否则若因为太平而逸乐，一定会遭受失败。冯道还站在农民的立场向李嗣源分析“谷贵饿农、谷贱伤农”的经济学原理，并向李嗣源吟诵聂夷中的《伤田家诗》，反映农民生活的困苦及其对善政的期待。李嗣源听后非常感动，将该诗抄录，时常诵读。

知识链接 4.10

[唐]聂夷中《伤田家诗》

二月卖新丝，五月粜新谷。

医得眼前疮，剜却心头肉。

我愿君王心，化作光明烛。

不照绮罗筵，只照逃亡屋。

——[清]彭定求等编：《全唐诗》第19册，636卷，北京，中华书局，1999年，第7296页。

正是因为冯道在为人上为世人所推崇，在为政上又代表了当时的民意，所以依靠兵变上台的诸位皇帝，必须通过委任冯道为宰相这一形式来论述自己新政权的合法性。在后汉、后周王朝交替之际，后汉皇帝刘承祐为乱兵所杀，郭威率军进入开封。郭威原本以为后汉大臣会屈服于兵威拥戴他为皇帝，但当他见到冯道时，冯道并没有任何表示，郭威还因官位低于冯道而被迫向冯道行礼，冯道也泰然受之。郭威由此判断，改朝换代时机并不成熟，遂迎立皇嗣刘赟为帝。可见，在各方政治势力看来，冯道代表了民心所向。这才是冯道成为乱世不倒翁的真正原因。

冯道晚年写有《长乐老自叙》，对自己一生进行了概括，他认为自己“不能为大君致一统、定八方，诚有愧于历职历官”。可见，即便是在乱世中，秉持着伟大理想的人代表着时代精神、时代方向，仍然有可能在乱世中生存、甚至受到尊重。而以个人利益为依归的寄生者、食腐者，即便能够获得一时的利益，但从长远来看，却是机关算尽、反误了卿卿性命。

第五章　历史诠释

瞿骏

引子

马克斯·韦伯曾说人是寻求“意义”的动物，又说人是悬挂在自己编织的意义之网上的动物。对人来说如此重要的各种“意义”，如落实到历史学，很大程度上可近似于我们这里要谈的“历史诠释”。不过在 19 世纪的欧洲，不少史家对“历史诠释”是持疑虑和排拒的态度的。比如最负盛名的兰克，以他为代表的史学是要追求历史上的客观事实，寻找历史上什么事情真正地发生了。兰克有一句很有名的话叫“What really had happened?”（到底发生了什么事？）这句话的潜台词是史学家不应该有主观的判断。历史诠释之类的东西是史学家在研究历史时应该去掉的东西。这种倾向如发展到极端就会如法国史学家古郎士所说：“我并没有说话，是历史通过我来说话”。

二百多年过去，史家对于历史诠释的态度不断发生着改变，尤其是经过后现代主义洗礼之后。历史诠释在“我所写的历史都是当前的历史”；“我的历史著作就像爆竹，等它发挥现代的作用，就消失了”；“所有对历史文献的解读都是误读”等看法的影响下又被推进发挥至前人难以想象的高阶位。那么历史诠释究竟有哪些功能？它是通过哪些方式与史事相结合的？历史诠释的界限又应该如何把握？这些就是以下要讨论的几个重点问题。

一、历史诠释的功能

让我们试想一下这样的情形：在一间教室里放置多台高清摄像机，维持一周的电力，24 小时不间断地对这个教室的每一个角落进行拍摄。七天之后

图 5.1　凯撒率军渡过卢比孔河

累积了 168 个小时、10080 分钟的关于这个教室事无巨细的“历史素材”，应该说这是七天之内对这间教室的“历史”最完整无缺、同时纤毫毕现的史事纪录。但笔者相信，除非是对“纪录教室的历史”有特别兴趣的人，一般人即使是历史工作者也没有太大兴趣将这 168 个小时的历史纪录全部看完。这个例子提醒我们：史事浩如烟海，人类社会的演进每过去一秒钟，都有无数历史事件在发生，更不用说已累积至数千年的前一秒与前前一秒。而所谓史学最基本的任务，第一步就是挑选浩如烟海的史事，将其中极少的一部分加以挑选，然后将之呈现出来。而挑选即使是如孩童般胡乱地抓取，最后亦要给出一些理由，而给出理由的这一过程，就是历史诠释的第一个最重要的基本功能。

以公元前 49 年 1 月，凯撒率高卢军团踏过卢比孔河一事为例。在凯撒之前，无数行旅客商、军民妇孺都曾经渡过卢比孔河。在凯撒之后，亦有大量的罗马公民和帝国子民跨越卢比孔河。但为什么凯撒踏过卢比孔河一事会史不绝载呢？如果我们要给予理由的话可能有两个：（图 5.1）

第一个理由在于凯撒的赫赫声名。因为他在历史上的重要性，作史者会认为名将金戈铁马，翻山渡河是值得记录的。这是作为挑选史事的一种历史诠释，即至今仍为不少人普遍接受的所谓“帝王将相”之事“天然”重要。

第二个理由则关乎卢比孔河，其作为罗马本土的界标，未经元老院允许擅自率军渡河者，将为叛将，军成反贼。换句话说凯撒渡河标志着他与庞贝等支持“贵族共和”元老的内战正式开始，对日后历史造成深远的影响，这又是我们挑选史事时的另一种历史诠释，即巨大的历史事件就像一个澎湃的海浪一样，都是汇集无数潜流而成，因此历史单因论很难被接受。可是要穷举所有的因果联系，人们也绝对无法做到。对一个史学工作者而言，只能大致做到分别主从轻重，并把最具关键性的一些因素厘清出来。凯撒跨越卢比孔河这个史事就是罗马由“共和”向帝制转变的某一个关键性因素。由此我们亦会发现，历史诠释的第二个重要功能是，通过历史诠释，使得个别史事与大的历史趋势形成呼应。

历史的呈现首先在于个别史事，用目前流行的学术话语来说，就是“历史的碎片”。学界对于所谓“碎片化”的批评，一定程度上并不那么确切，因为历史学的基本特性就是“非碎无以立通”。历史学的通识就是建立在“碎片”之上的，如清代史家赵翼用历史札记方式讨论的“汉初布衣将相”之局正是欲从大量历史碎片中，诠释秦汉之间统治权力由世侯世卿向平民流动的重大变化，此正所谓“我欲载之空言，不如见之于行事之深切著明也”。（图 5.2）

知识链接 5.1

关于历史学逐渐“碎片化”的学术脉络，可参见［法］弗朗索瓦·多斯：《碎片化的历史学》，马胜利译，北京，北京大学出版社，2008 年。

甚至于这些碎片都未必需要真实。司马迁一定并未亲临现场，耳闻目睹鸿门宴的风云诡谲，但他笔下的这一“碎片”却最好呈现了群雄亡秦和楚汉之争的大历史。不过《史记》除了“碎片”之外，亦有“太史公曰”，这就是以历史诠释来使个别史事与大历史趋势形成呼应的典型例子。那么如无历史诠释，史事会变得怎么样呢？梁启超曾引斯宾塞的话做过一个生动的比喻：

> “或有告者曰，邻家之猫，昨日产一子。以云事实，诚事实也。然谁不知为无用之事实乎？何也？以其与他事毫无关涉，于吾人生活上之行为，毫无影响也。然历史上之事迹，其类是者正多。”

梁启超所谓的“于吾人生活上之行为，毫无影响也”正说明史事要被记录

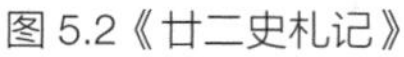
图 5.2《廿二史札记》

图 5.3 《历史是什么？》

和书写，除了其在当时要有影响（而这种影响的发现与说明就是一种历史诠释），更要与写史者身处的现实相关联，这就是历史诠释第三个重要的功能，即是英国史学家卡尔所说历史工作者要“造就历史与现实间不断的对话”。下面我们根据梁启超的例子来说明这一重要功能。

知识链接 5.2

E.H. 卡尔（1892—1982）：英国历史学家。毕业于剑桥大学圣三学院。1916—1936 年供职于英国外交和情报部门。专长国际关系史和苏联史，作品有《苏维埃俄国史》、史学理论方面的代表作《历史是什么？》，以及国际关系学上的开山之作《二十年危机》。《历史是什么？》本是卡尔 1961 年 1—3 月在剑桥大学“乔治·麦考利·特里维廉讲座”所作的系列讲演，都是围绕“历史是什么”这个总的议题，分别从历史事实的性质、历史的动力、历史的评价、历史的前途等角度予以阐发。（图 5.3）

梁启超曾问说：“历史为死人、古人而作耶？为生人、今人或后人而作耶？”梁启超又曾指责中国传统史学“知有朝廷而不知有国家”，“知有个人而不知有群体”等等。这些对中国旧史学的批评曾经在很长一段时间内影响了梁启超和被其影响之人的史学诠释。但如果我们持平者站在古人立场上思考一下，便会发现他们或许根本不会去问梁启超的问题。

对古人来说，历史既是为死人、古人而作，又是为生人、今人、后人而作。因为一个生活在传统社会里的中国人，并非只有其实际生活的这一辈子。他是在家庙祠堂（前生）、家族（此世）和子女（后世）中生活的一个延绵不绝的“人”。中国史书中所强调的“垂鉴”之学正是此意。

而“知朝廷不知有国家”这个判断就更有意思。对古人来说，朝廷就是国家社稷，皇帝就是国家社稷。将皇帝、朝廷与国家社稷两分，对他们是做梦亦无从想象的事。那么梁启超为了提倡新史学，为何对中国旧史学做出这样的历史诠释呢？实际上，这是与他生活的现实密切相关的。

梁启超身处的清朝末年，中国被列强环伺，屡战屡败，经常签订丧权辱国的条约，这是中国人当时的危局。同时，清王朝又处于传统王朝的衰败时期，各种积弊丛生。在危局和积弊的双重刺激下，梁启超、康有为等追求“变法维新”以救中国，这就是大家所熟悉的“戊戌变法”。而新的史学在梁启超看来是其“变法”学说的一个重要基石。中国若欲抵抗列强侵略，就必须把朝廷和国家两分，以成为一个现代国家。中国人要合成“大群”以凝聚力量奋发图强，而以往只知有个人，自家只扫门前雪，因此中国才会屡遭打击。这些历史诠释若套用一个比喻的话，就是残酷现实让一个熟读传统经典、举人出身的梁启超换了一副看历史的眼镜，从此之后，他看出去的中国历史就全然变了一副模样。而梁启超又复刻了无数副这样看历史的眼镜，通过他撰述的《新史学》、《中国历史研究法》等著作传递出去，很多中国人因身处同样的现实也就无所反思地戴上了这副眼镜。（图 5.4）

二、历史诠释的方式

历史诠释不仅有非常重要的对于历史学的功能，它也有各种各样表现方式。我在这里将它大致分为史学工作者的个人诠释和集体力量的诠释（当然还可以有很多其它的分类方式，并且这两种分类方式不乏重合的部分）。

就史学工作者的个人诠释而言，他们经常离不开自己既有的观念来诠释历史，比如生活在古代的史家对于人类历史的诠释，就经常要与鬼神之力结合起来，否则就难以找到诠释的路径和依据。而到了中世纪，欧洲的史家则经常要归因于上帝。中国的史家一般会把历史的走向归因于“天道”或曰“天命”。凡此种种，若概括来说，皆是不信人类有决定自己命运的能力，所以要超出人类之上来求解释。

图 5.4 《新史学》

这样的历史诠释在中国到了宋以后有所改变。欧阳修即指出“盛衰之理，虽曰天命，岂非人事哉？”在欧洲，伏尔泰、康德等人也通过他们振聋发聩的经典著述，渐渐变上帝的历史诠释为人的历史诠释。而其方式主要可分为三种：第一个是用人类的理性来诠释历史的变化；第二个是以天气、人口、地理等客观环境来诠释历史的变化；第三个则是用生产力和生产关系的模式来诠释历史。

不过，这些历史诠释虽然跳出了鬼神、上帝、天命的窠臼，但其中不少亦带有强烈的决定论色彩，并且对历史的“进步”基本深信不疑，因此可称之为后见之明的历史诠释方式。它能够提供很多历史洞见，但亦会带来不少观察历史的盲区。以下，笔者就以“文艺复兴”为例来看这一问题。

大概在 1840 年之前，很多史学工作者都不太熟悉“文艺复兴”这一历史概念。直到 1860 年，瑞士著名史学家布克哈特写出了巨著《意大利文艺复兴时期的文化》之后，这一历史概念才慢慢变得家喻户晓。但把“文艺复兴”诠释为一道强烈的亮光，照亮了黑暗千年之久的中世纪天空，几乎一切的“近代精神”皆骤起于那个历史时期的说法，却在近一百多年间遭到了许多历史学家的怀疑。他们通过研究指出：文化的再生在 1300 年前就已经发生了。他们将其命名为“加洛林王朝”的文艺复兴和 12 世纪的文艺复兴。这些新的研究若整合在一起，就浮现出一个新的历史诠释：“文艺复兴的突破不过是建立在中世纪很多发展的基础之上”。在这样一种历史诠释的背景之下，针对以往有关文艺复兴的历史诠释，我们就可以提出以下几个质疑：

知识链接 5.3

布克哈特（1818—1897）：19 世纪瑞士杰出的文化史、艺术史学家。出生于瑞士巴塞尔的一个贵族家庭。1836 年，入巴塞尔大学，修历史和哲学，后从父愿，改学神学。1839 年，转学柏林，专攻历史学和语言学，受教于兰克、德罗伊森、格林、博埃克、库格勒等大师。在兰克建议下，布克哈特撰写了研究马尔泰勒和霍赫斯塔顿的两篇学术论文，于 1843 年获哲学博士学位。1844—1846 年，担任巴塞尔保守的《巴塞尔日报》的编辑。此后专心从事研究。最著名的著作是《意大利文艺复兴的文化》。（图 5.5）

第一，文艺复兴的影响范围似乎被太过夸大，好像那是一个政治、经济、社会都剧烈改变的年代。但事实上，虽然文艺复兴在文化上卓有贡献，但在社会经济领域却未必存在相等价值。

知识链接 5.4

一般性文艺复兴定义：14 至 17 世纪初欧洲发生的文化运动。最初兴起于意大利，15 世纪后半期及于法、德、英、西班牙等国。当时涌现出一批知识分子，从各方面冲击封建教会的束缚，建立资产阶级人文主义的世界观，要求以人为中心，不是以神为中心来考察一切。强调发展个性，反对神性，提倡人权，反对神权，由于他们反对封建神学是借助于古代希腊、罗马的古典文化，因而不恰当地把这场新兴的文化运动叫作“文艺复兴”。其实它不是古典文化的复兴，而是资产阶级文化的兴起，是思想文化领域里一次伟大的变革。文艺复兴的第一个先驱者是但丁，其后是彼脱拉克和薄迦丘。美术上出现大画家乔托（1266—1337）。16 世纪出现的三位大师是：达·芬奇、米开朗基罗和拉斐尔。科学技术上出现布鲁诺和伽利略。文艺复兴在欧洲其他许多国家都产生了杰出的代表人物，如：波兰天文学家哥白尼、荷兰的伊拉斯谟、法国的蒙田、英国的莎士比亚、西班牙的塞万提斯、德国的大艺术家丢勒等。

第二，文艺复兴与中古权威之间的对抗似乎太过截然两分，水火不容，而就西方近代思想的发展来看，比较彻底摆脱旧权威的束缚，用理性来评判一切之态度，是要到 18 世纪以后才开始出现的。而布克哈特等史学家因为受此影响，

图 5.5　雅各布・布克哈特的青年时代（1840）

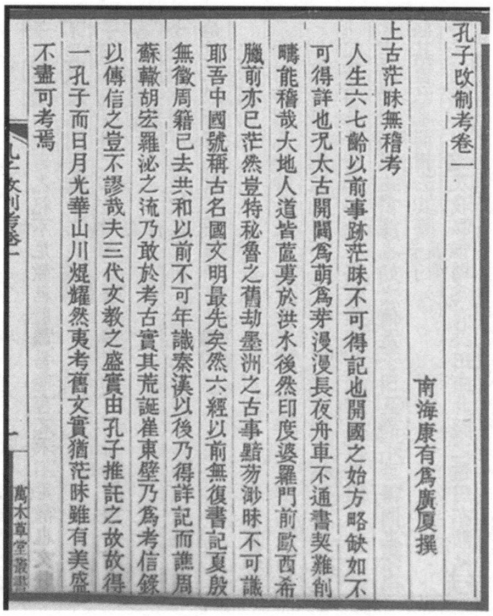

孔子改制考卷一

南海康有爲廣厦撰

上古茫昧無稽考

人生六七齡以前事跡茫昧不可得記也開國之始方畧缺如不可得詳也况太古開闢爲萌爲芽漫漫長夜舟車不通書契難削疇能稽哉大地人道皆蘆萌於洪水後然印度婆羅門前歐西希臘前亦已茫然豈特秘魯之舊劫墨洲之古事黯芴渺昧不可識耶吾中國號稱古名國文明最先矣然六經以前無復書記夏殷無徵周籍已去共和以前不可年識秦漢以後乃得詳記而譙周蘇轍胡宏羅泌之流乃敢於考古實其荒誕崔東壁乃爲考信錄以傳信之豈不謬哉夫三代文教之盛實由孔子推託之故故得一孔子而日月光華山川焜耀然夷考舊文實猶茫昧雖有美盛不盡可考焉

孔子改制考卷一

萬木草堂叢書

图 5.6　《孔子改制考》

而对中古时代相当厌恶，进而对文艺复兴的历史不无溢美，遂将其视为近代历史走向进步的原点。

当然前面所说的史家后见之明式的历史诠释方式，虽有其盲点，但却仍然是比较尊重历史事实的诠释。若将后见之明推到一个极端——强扭历史以就我，这种诠释方式则可能更加问题多多，这在中国一般会称为“以六经注我”。例如在晚清的大变局中，廖平、康有为、梁启超等人为了维新变法，对儒家公认的经典（尤其是春秋经）作了种种新的诠释。这些新的诠释据学者研究围绕四个方面而展开：（图 5.6）

第一，他们希望强化孔子的权威，并将孔子的形象由古文经学家所认定的史家变成为政治、社会的改革者。也就是不再把孔子当成一个单纯的历史文献整理者，而是当作一个提倡经世变法的改革家。

第二，由于他们所塑造的孔子是一个没有实际职位的社会、政治改革者，所以六经不再是单纯的历史文献，而变成了孔子寄托其经世计划的书，其中最激烈的一种看法是把经书中记载的历史和真正的上古历史全然分为两层，甚至将史事当成符号来看。

第三，他们以孔子的继承人自居，希望透过以六经为依据的托古改制，寄托其维新变法思想，因此往往把他们自己的思想缘附到经书上。

第四，为了使孔子之学在现代社会仍保持尊位，他们把孔子解释成为全知全能的圣人，其思想可以流传万世，六经则成为预言之书。

这种“强扭历史以就我”的诠释方式往往是要达到诠释者的实际政治目的。或许它会在政治领域获得其推进的力量，亦能成就诠释者“经世致用”的“美名”，但无论对历史本身还是诠释者个人，从长远来看，其实都未必是一件值得肯定的事。

接下来我们来看集体的诠释。在集体的诠释中，对于重大历史事件，受到大时代变化的影响会出现各种各样的诠释。以下，笔者以两个个案加以分析。第一个是法国大革命。

自法国大革命发生那一天起，便存在着各种诠释之间的激烈对抗。对于这个开启了“现代世界”的重要事件，正如托克维尔所言，它与过去的动乱有着迥然不同之处。它并非改朝换代那样的周期性变化，而是裹挟着大量的现代性问题，其世界观和意识形态因素有着划时代的意义。这使得当时和后来的许多思想和政治精英认为，人类的全部历史，似乎就包含在这场大革命所承诺的希望之中。换言之，法国大革命不是城头变换大王旗的寻常之事，而是关系到人类向何处去的大问题。

知识链接 5.5

托克维尔（1805—1859）：法国历史学家、政治家，政治社会学的奠基人、古典自由主义学派代表人物，出身贵族世家，经历过五个“朝代”（法兰西第一帝国、波旁王朝、七月王朝、法兰西第二共和国、法兰西第二帝国）。前期热心于政治，后因反对拿破仑称帝被捕，获释后对政治日益失望，从政治舞台上逐渐淡出，之后主要从事历史研究。主要代表作有《论美国的民主》、《旧制度与大革命》。（图 5.7）

过去受单线进步史观的影响，对于发生在两百多年前的这场大动荡，因其标举自由、平等、民主这些现代人极为看重的价值，大体上肯定者居多而反对者寥寥。但自上世纪 60 年代开始，风向渐趋相反，这跟我们的大时代变化而引发的政治、社会和文化思考的变化有关。这些变化的一个最具体的表现，便是自上世纪 60 年代起重新思考法国革命的著作不断出现。我们一般称之为“修正大革命史学”。

在修正大革命史学的那些著作里，史学家首先将革命发生的动力归于 18 世纪生成的启蒙意识形态，而非传统解释中的社会经济变动和阶级斗争。

图 5.7 托克维尔

其次就革命的发展进程来说，在勒费弗尔的经典表述中，民众革命在1789 年不仅是资产阶级革命的有益补充，而且还充当了革命向前发展的推动力量。但“修正大革命史学”却认为资产阶级革命和民众革命是分离的，乃至是对立的，它们根本不能被纳入一个名称为“资产阶级革命”的大概念之中。相反，它们搅乱了资产阶级自由主义革命的日程，使革命偏离了原本轨道。不过这种偶然性的物事注定不能长久，热月政变终于让革命逐步回到常规。

最后，他们贬抑 1793—1794 年的城市无套裤汉运动的动机是狂热心理作祟下的非理性行为，给法国命运前程带来的是悲剧，根本不能将之视为未来社会主义革命的最初启示。这些诠释无疑让传统史学中所描绘的大革命荣光看上去骤然黯淡起来。

知识链接 5.6

无套裤汉运动：一译长裤汉。法国大革命时期对城市平民的泛称。贵族和上层资产阶级通常穿呢上衣、丝绒短裤（culottes）齐膝，下着长袜，平民则是长裤（pantalon），没有短裤，故名。原为贵族和有产者对城市平民的蔑称。

大革命期间成为革命者自豪的称号。无套裤汉成员主要是城市手工业者、小商贩和其他劳动群众。他们深受特权阶级的压迫和歧视，革命要求强烈，先后受忿激派和埃贝尔派领导，在革命中是一支重要力量。国民公会制定的共和历中，将一年的最后五天定为“无套裤汉日”。热月政变后无套裤汉政治作用逐渐减弱，芽月和牧月起义中遭致命打击。

修正大革命史学之所以如此尖锐地挑战传统诠释，其最重要动因蕴涵在 20 世纪 50 年代以降法国知识分子群体思想的分化和变迁之中，这正是一个政治变迁影响历史诠释的典型案例。

二战后时代，以法共为代表的左翼政治力量在法国知识分子群体中享有很高威望。但自 1956 年赫鲁晓夫针对斯大林主义的秘密报告、匈牙利事件及其被镇压、阿尔及利亚战争问题等一系列事件之后，使素来关注自由的法国左翼知识分子对苏联的社会主义实践渐生幻灭之感，同时他们对国内法共未能及时实行非斯大林化更是不满。由是，他们中的不少人纷纷脱离左翼政党，并利用在媒体中日益增长的力量来表达自己的政治见解，从源头上反思社会主义实践中的民主和自由问题。

到 20 世纪 70 年代，随着左翼联盟的成立及其在选举政治中的节节胜利，法国许多非共产党左翼知识分子担心没有与苏联社会主义模式划清界线的左翼政党上台后会建立起苏联模式的社会主义。因此，他们利用自己掌握的杂志发起反极权主义批判，认为法国知识分子战后十年与斯大林主义的亲和，以及在 1974 年索尔仁尼琴《古拉格群岛》出版之前一直拒绝直面苏联共产主义的镇压问题，证明法国易于受到极权主义的影响。（图 5.8）

此外，为了在极权主义问题和当代法国政治之间更好地建立起关联，知识分子们日益凸显极权主义和雅各宾政治之间的联系，提出法国左派植根在这种革命传统中使它尤其容易受到极权主义的影响。伴随着对极权主义的批判，法国知识分子对他们过去历史的理解和记忆产生了深刻的改变。

以最著名的修正法国大革命史学家孚雷为例，战后初期，青年孚雷曾是位热忱的法共党员，他非常信奉斯大林主义。但是，像其他许多左翼知识分子一样，50 年代国内外的诸多共产主义政治事件，使他渐生幻灭之感。孚雷参加法共经历所产生的负罪感，渐渐演化成为他投身讨伐运动的强大动力。作为一名史学家，他自然而然地把大革命设定为攻击目标。从他的名著《思考大革命》一书中，我们可以看出，在他眼里，大革命是马克思主义者的投资对象：大革命和帝国形成了独立的和自成一体的研究领域，每个领域均有自己的教席、学生、学术协会和杂志；这种革命史学的功能就是继续叙说起源的神话，将 1789 年至 1815 年这段时光描绘为新世界来临的基点。

孚雷参加法共和继后徘徊于左翼阵营的经历，成为他后来批判革命的动力。同时，这种经历也给他的批判提供了智识支持。他不仅熟谙左派的各种思想资源，而且亲身体会到流行于各种革命之中的“政治过度投资”，感悟到革命政治中的推动力——为达目的不择手段，其逻辑的结果必然是极权主义。

综上，我们可以发现，政治局势的变化渐渐消解了群体对于革命价值的认同，深刻影响了法国大革命的诠释。在漫长的 19 世纪乃至 20 世纪上半期，大革命是法国民族身份和政治立场认同的标杆。但随着法国民主制度的稳固和战后内外形势的变化，非殖民化和全球政治开始与革命分享舞台，成为知识分子界定自身政治价值信仰的新标杆。随着时间的拉长和战后法国的急剧变革而与大革命产生的距离感，使人们能够去拷问它、理解它，而不是将它作为永久的纪念仪式。

1968 年的“五月风暴”又从现实方面强化了他们对话语力量的印象和批判国家极权政治的激情。这场突然爆发的革命，不仅让他们目睹了革命的发生无需长时段的社会经济累积，而且在这一场充满嘉年华节庆氛围的话语革命中，青年凭借着“行动就是语言，语言就是行动”的革命冲动，激烈地抨击国家权力的过度集中和官僚化及其对社会的压抑和控制，在想象的世界里构建着象征性的夺权和更新世界的乌托邦理想。这样的革命让整个欧美的学者得以近距离地观察所谓“革命”的政治动力、政治话语的力量和政治想象的运作方式。这使他们在 1968 年之后的岁月里，能够比较容易地体会到“革命想象”的强大力量。（图 5.9）

知识链接 5.7

“五月风暴”：

1968 年 5—6 月间在法国发生的学生和工人的联合造反运动。这场风暴的思想武器是“西方马克思主义”。1968 年 3 月 22 日，巴黎大学农泰尔文学院的学生集会抗议逮捕反对越南战争的学生。此后，学生抗议活动迭起，至 5 月初发展为高潮。5 月 3 日，学生再次集会，警察进行干预，导致流血冲突，数百人受伤，600 名学生被捕。法国许多省市的学生纷纷起来支持巴黎的学生运动。他们占领大楼，筑起街垒，展开巷战。5 月 12 日巴黎大学学生占领了学校，并成立行动委员会。此后，政府强行关闭各大学。5 月 13 日法国工会号召全国工人总罢工支持学生，千百万工人群众加入运动。首先是巴黎 80 万工人举

图 5.8 《古拉格群岛》

图 5.9 “五月风暴”海报

行大罢工，接着罢工浪潮席卷整个法国。数百万罢工工人占领了 300 多个重要的工厂、矿山，扣留经理等资方人员，致使全国的铁路、空中、海上的交通中断，生产、通讯全部陷于停顿，整个法国的经济生活处于混乱状态。

第二个个案是日本的明治维新。在 1945 年之前，这一历史转变受到广泛推崇，被认为是非常成功地使一个国家“走向现代”的改革。但 1945 年后，史家在看到日本在不到一百年的时间内走上了不断侵略他国，而后自身也遭遇核爆打击的不归路后，“时代意见”对于明治维新的历史诠释开始注意到此段历史中的另一些面相：当时日本将“西方”视作文明榜样，进而希望自己也能进入“文明开化”的强国之列，然后带领“东洋”，抗衡西洋列强。在这套东西洋抗衡的逻辑之下，所谓日本明治维新的志士，同时也是极度浪漫主义的狂人。他们为了进入“文明开化”的时代和担负领导东亚的责任，有着全心全意投入的志愿和惊人的动力。同时他们又简单附会社会进化论中所谓弱肉强食、适者生存的理路，将侵略掠夺他国视作天理。这一层观念不仅推动了明治维新，也由此发动太平洋战争，组织“大东洋共荣圈”。二战之后，日本始终不愿真正反省其真正罪责，其源头仍要上溯至明治维新，因为从那时起，他们就坚信日本奋斗的目标乃是为了“东洋”，因为这一目标没有错，所以任何完成目标的手段都是合理的。

三、历史诠释的界限

历史诠释尽管对认识历史有着极其重要的功用，同时也有着各种各样的方式，但对历史诠释的界限，我们也必须保持清醒意识，否则就极容易陷入到“历史就是个任人打扮的小姑娘”的窠臼中去。而要明白历史诠释的界限，就先要回到我们前文所说的“非碎无以立通”这一看法上。所谓历史诠释，其实说到底就是收集历史碎片与拼接历史碎片，以提供历史的通识与通感。所谓“自古有天下国家者，行事见于当时，是非公于后世”。在历史诠释的过程中，当然会受到个人因素和集体力量的左右，但对于收集历史碎片的态度和拼接历史碎片的原则却是有其界限所在。

第一个界限在于收集历史碎片的态度，这种态度一言以蔽之就是要秉持“历史的观念”，“是非公于后世”，不轻易、更不故意地因为某些原因将一些历史碎片从集体历史记忆中抹去。关于这一点，中国宋代以后的传统史学就做出了很好的表率。其中官方修史的一个突出观念是“兴灭继绝，国可灭，史不可灭”。元修宋辽金史，明修元史、清修明史，这些史书记载的历史都是敌国的历史和异族国家（当时的观念）的历史。为存往事，消灭了敌国，却不消灭敌国的历史，胜国（灭亡的朝代）遗民矢志为故国存史，新朝亦延聘旧朝遗民修史，而且修史的态度据明太祖的谕令所说是：

> 一代之兴与衰，必有一代之史以载之。元主中国，殆将百年，其初君臣朴厚，政事简略，与民休息，时号小康。然昧于先王之道，酣溺胡虏之俗，制度疏阔，礼乐无间。至其季世。嗣君荒淫，权臣跋扈，兵戈四起，民命颠危，虽间有贤智之臣，言不见用，用不见信，天下遂至土崩。然其间君臣行事，有善有否，贤人君子，或隐或显，其言行亦多可称者。今命尔等修纂，以备一代之史，务直述其事，毋溢美，毋隐恶，庶合公论，以垂鉴戒。

这比起近代世界大通后，灭人之国先灭其史的历史观念有着重大区别。因此，当我们进行历史诠释时，应尽可能地打捞各种不同样式，不同立场的历史碎片，使其先形成几套具有竞争性和紧张性的历史叙述，然后错综排比，互证得失，方能做出更具有历史通识与通感的诠释。对于这种诠释方式，钱穆有一个很传神的比喻，即“如常山之蛇，击其首则尾应，击其尾则首应，击其中则首尾皆应”。

第二个界限在于拼接历史碎片做出历史诠释的原则。所谓“行事见于当时”，即意味着史学家要努力与其研究的人站在同一时间点上来面对茫茫未知的未来，理解他们行事和发言的历史逻辑，以此来避免全能上帝式的“后见之明”在历史诠释过程中产生的诸多弊端。台湾著名史学家王汎森即指出：一个比较好的历史诠释方式，应该是从A到B到C直至Z（史家的逻辑）诠释推论过程。当然亦要结合Z到A（事件的逻辑）的过程。两者是交互循环的。这譬如观看一部电影，从顺着放映中（A到Z）得到一种“行事见于当时”的理解，然后再看第二遍，也就是由已知之后，再回过头去看，往往会发现电影中的几个动作或几句对白，揭露了对后来发展至为重要的意涵，而那是由A到Z看不出来的。

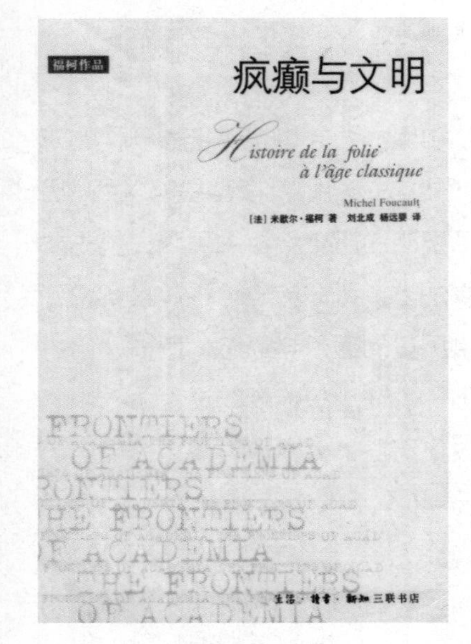

图5.10 《疯癫与文明》

一个历史工作者应该巡回往复于前述的两种逻辑之间。一面是顺着时间之流往前看，前面是未知的，要用很大的力量去做到福柯所讲的“去熟悉化”。不过，需要特别指出“去熟悉化”是非常难的事情。对于明明知道的事情，我们很难装作完全不知。因此史家或历史爱好者们需慢慢往前，看历史人物面临的所有可能性与限制。另一方面，还要回过头来看，这样一些事情的意义才会凸显出来。（图5.10）

图5.11 托马斯·麦考莱

第三个界限在于清醒地认识历史诠释在历史作品中的位置。一个历史作品当然不可能没有历史诠释，但有史家指出：按照传统中国史学观念，史为叙事之书，无叙事即无史学。曾经波澜壮阔的往事，加以翔实而生动的叙述，史家责任便已经尽到大半。所谓综合、诠释是叙事以后的事。有叙事而无诠释、综合，仍不失其为史；有综合、诠释而无叙事，则将流于玄学家之言，难以跻身于历史之林。

中国的传统史家往往乐于隐藏在史实背后，不轻易出面，而将见解史实化，隐约其诠释于史实叙述之中，使读者读其所述即知其所欲言。而有些西方史家边叙述边诠释，作者的臆见、作者的当代观念往往多渗入其中，不免太露锋芒，动辄诠释综合，发表臆见，极易混淆历史。两相比较的后果，我们从史学作品中即可见一斑。

中国的《史记》、《汉书》等史书可称为历万古而常新。后有作史者，踵事增华则可，而不能将其完全代替，以其史事丰富，史家不能旦夕离此材料渊薮。西方的史学著作就可能不是这样。一部大著往往风行数年而被替代，往往流传数十年而销声敛迹。古希腊史家作品或仅有古典文学之价值。19 世纪英国史大家麦考莱的《英国史》及卡莱尔等人的《法国革命史》也早已为后起的英国史与法国革命史所代替，20 世纪初英国已少有人阅读其书，论点甚多被推翻或修正。因此，历史诠释究竟在史学作品中占据何位置，是做站立潮头的弄潮儿，以诠释统合叙事，以在不断的史著新陈代谢中获得短暂的一席之地，还是多留叙事与史迹，遏制住做大诠释的冲动，以在书柜中站立得更长久一些。笔者的意见是：史学工作者的诠释或许最重要的是如何明白准确，辞达其意地表达出复杂史事间的关联；而所谓通观性的解释，比如人类如何由野蛮进至文明？人类整个社会如何变迁？人类文化如何互相激荡？决定历史演进的主要因素是什么？史学工作者自然可以去做，但也可交由哲学家和社会科学家去做。历史诠释和历史事实之间实际上是“相依为命”，不可分割的关系，只有认识了这种“相依为命”的关系方能准确地认识历史诠释在历史作品中的位置。（图 5.11）

第六章　历史书写

郎净

历史的书写者

当我们进入历史，面对浩如烟海的历史文本之时，虽然个体瞬间会有渺茫的感觉，但很快，我们就会发现，视野被无限拓宽了。我们在历史的长河中看见了他们——历史的书写者，也观望到了我们自身，因为历史书写者，原本就有两种含义。狭义的，是那些被称之为史学家或者史官的人；广义的，则是所有被岁月留存下来的史料的“书写”者。

著名的历史学家顾颉刚先生说：“正史，是少数人写的。杂史，是历代许多人写的。故杂史的书多、量大，无边无际。有笔记，有回忆录，有学术著作，有诗，有赋，有小说，有剧本，有史书，有竹枝词。”确实，杂史是无边无际的，除却顾老提及的这些文本之外，我们还可以联想至本书第一部分所探讨的历史传承之方式，史料的种类可以有传说和神话、文字、图像器物和遗址、口述等。所以，很有可能我们经意或者不经意的一帧照片、一篇手稿、一些器物、一段对白，以后，都将成为历史的草蛇灰线，让后来的关注者凝神追思。（图 6.1）

那么，他们或者我们，为何要书写历史呢？

书写历史的第一个原因，是成就个体。最让人肃然起敬的是真正的历史学家，他们有着深沉的使命感，是为了实现自己的生命价值而书史，他们的史，与生命融汇一体。

中国的历史书写者中，最卓越的无疑是司马迁，或是司马谈、司马迁父子二人。父子俩都强调自己的祖先是周朝史官，均将修史作为人生终极之理想。司马谈在他长达三十年的太史令生涯中，已经开始了《史记》的部分撰写工作。公元前100年，汉武帝东巡封禅，祭祀天地。这本该是史官最应见证的伟大时刻，

图 6.1 《中国史学入门》

司马谈却被留在了洛阳，为此他抑郁愤恨而死，将修史的宏愿，转交给了儿子司马迁。

司马迁后来遭受了诸多磨难，受了腐刑仍发奋著史，这已经被写进了我们的历史教科书，因此不拟赘述。我们想了解的是，伟大的历史学家是如何养成的？司马迁书写历史的同时，成就的是怎样的人生？

一个真正的史学家，需要具备“三长”与“史德”，“三长”即“史才”、“史学”、“史识”。也就是说，他既要有天赋的才华、又要有后天的积累以及睿智的判断。

知识链接 6.1

“三长论”：唐代史学理论家刘知几提出的著名史学观点。“史才”是指写史的能力；“史学”是指具有渊博的历史知识，掌握丰富的历史资料；“史识”是指对历史是非曲直的观察、鉴别和判断能力。他认为，作为史官，三者不可缺一，三者中间以“史识”最为重要。

“史德”说：章学诚的史学思想之一，是指著述历史的写作态度，也就是讲求史学家的思想修养。他在肯定刘知几“三长论”的基础上，又提出“史德”，即著述历史要有史德，做到“尽其天而不益以人”，要符合客观历史不参杂主观偏见，强调主观要尊重客观，要受客观的检验。

司马迁小的时候，曾经耕牧于“河山之阳”。在那里，他可以北眺龙门，东望黄河，感受到开阔的自然。司马迁很小就开始读书，十岁时，就能诵读古文。他曾向董仲舒学习《春秋》、向孔安国学习《尚书》。

就这么日复一日苦读，到了二十岁，司马迁放下书卷，开始了漫游的人生，这不是一场普通的游山玩水，而是抱着明确的目的。远古的舜、禹神话，一直在召唤着这个年轻人，召唤他向南、向南……他到了长沙，凭吊屈原；到了零陵，登上九嶷山，而那正是传说中帝舜南巡的葬身之处；他到了会稽山，探讨禹穴；到了姑苏，参观春申君的故城。游历江南之后，司马迁又渡江北上，他到处听故事，他听了韩信的故事，孔子的故事，萧何、刘邦的故事……看到这样的壮举，我们不由会心而笑。中国正史的第一作者，他的许多灵感，竟是来源于神话传说、来源于民间探访！这样伟大的漫游，是将天地自然融入到个体胸襟之中。后来，司马迁又曾经奉汉武帝之名，出使巴蜀以南。在三十五岁时，他已经游历过中国的东南、西北、中原和西南。

司马迁从西南回来，他的父亲已经病重。临死之前，他向儿子强调了司马氏家族的史学传统，让他继承遗命修史，不要让孔子《春秋》以来的史记传统断绝。司马迁继承父业，继任太史令之职。他有机会进入了国家的藏书之处（石匮金室），埋身于杂乱的断简残编，整理天下遗文藏书。虽然当时所有的藏书连目录都没有，混乱不堪。但司马迁置身其间，是否不断有惊喜的发现，不断将传世文献与神话传说加以印证探究？

我们已经见证了司马迁行万里路，读万卷书，而他又不是一个简单的故事记录者或者史料罗列者，他希望能网罗天下放失旧闻，考之行事，稽其成败兴坏之理。他有着最崇高的史学理想——“究天人之际，通古今之变，成一家之言。”确实，一个真正的史学家，一定有自己的睿智判断，一定是要去发现规律、寻找意义的！

就这样，生命与史学相伴，在生命中成就史学，而史学，又最终成就了生命。司马迁说：“古者富贵而名摩灭，不可胜记。唯俶傥非常之人称焉。”真正的史学家，就是那些有着深沉的责任感和使命感的“俶傥非常之人”。

书写历史的第二个原因，是试图对历史及当下进行某种程度的认知或判断。在中国，谈到历史，我们会不约而同想到“以史为鉴”一词，中国的大多数史学家，会自觉承担起这样的使命——研究和总结历史上的得失成败，作为当下治国修身之借鉴。

胡三省对司马光的《资治通鉴》有一段评论，可看作对“以史为鉴”的详解：

为人君而不知《通鉴》，则欲治而不知自治之源，恶乱而不知防乱之术；为人臣而不知《通鉴》，则上无以事君，下无以治民；为人子而不知《通鉴》，则谋身必至辱先，作事不足以垂后。

知识链接 6.2

胡三省评论（白话文）：

作为君主却不知道《通鉴》，那么想要获得治世却不知道治理的根源，厌恶乱世却不知道预防祸乱的方法；作为人臣却不知道《通鉴》，那么对上无法侍奉君主，对下无法治理百姓；作为人子却不知道《通鉴》，那么立足自身必先招致欺辱，做事情无法名垂后世。

个体的生命，是绵延的时间长河中的某一个段落，所以，每一个体，都能感受到一股来自过往的力量，在不断地将自己带往未来。而对过去的审视与总结，就变得尤其重要。

“以史为鉴”不仅仅是中国史家的一种自觉意识，古希腊最伟大的历史学家修昔底德，他也是为了垂训后世而写了《伯罗奔尼撒战争史》。很特别的是，修昔底德是战争的参与者，他曾是伯罗奔尼撒战争中雅典一方的将军，后来因过遭到流放。他把自己也写入了历史，用的是史学家冷静的书写，好像写的是与他毫无关系的陌生人。（图 6.2）

修昔底德在书的最初就阐明了自己书写历史的目的：

我这部历史著作很可能读起来不引人入胜，因为书中缺少虚构的故事。但如果那些想要清楚地了解过去所发生的事件和将来也会发生的类似的事件（因为人性总是人性）的人，认为我的著作还有一点益处的话，那么我就心满意足了。我的著作不是只想迎合群众一时的嗜好，而是想垂诸久远的。

伯罗奔尼撒战争是以雅典为首的提洛同盟与以斯巴达为首的伯罗奔尼撒同盟之间的一场战争。这场战争从公元前 431 年一直持续到公元前 404 年，期间双方曾几度停战，最终斯巴达获得胜利。

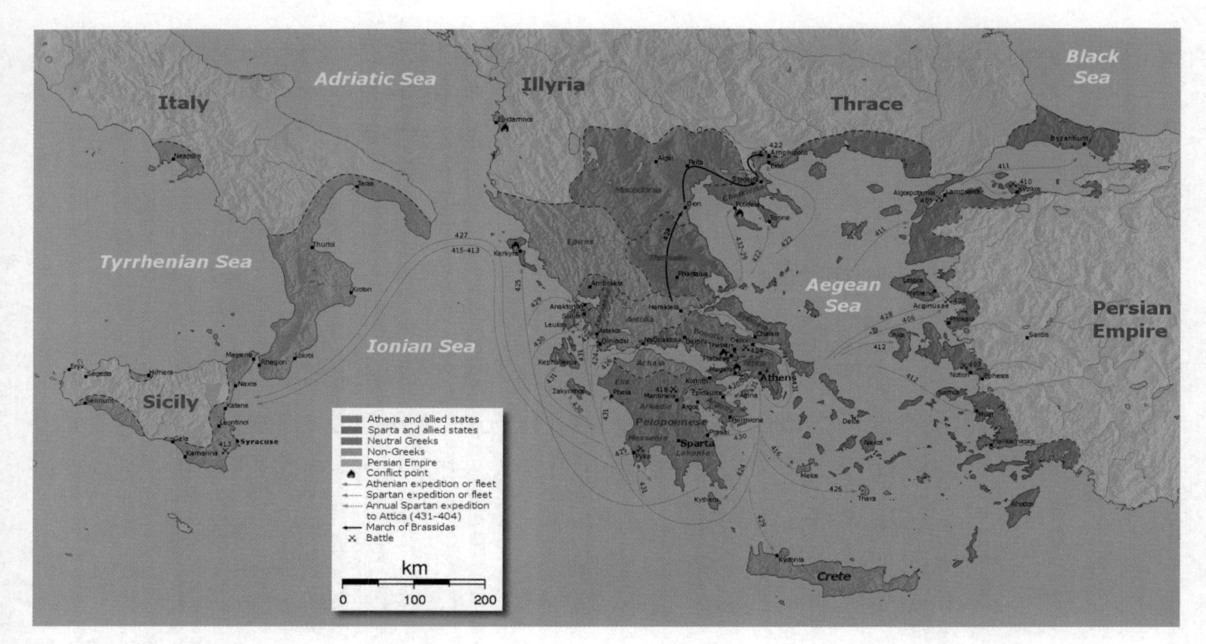

图 6.2　伯罗奔尼撒联盟

知识链接 6.3

提洛同盟：古希腊雅典等部分城邦结成的军事同盟。为与波斯作战，在雅典将领亚里斯提泰领导下，以雅典为首联合希腊本土及爱琴海地区一些城邦结成同盟。成立时约有 35 个城邦，后迅速增加，入盟城邦最多时达 250 多个。因同盟会议会址和金库设在提洛岛的阿波罗神庙中，故名。起初入盟各邦地位平等，重大问题由同盟会议决定，按力量大小各邦出一定数量的舰船、兵员和盟费（phoros），但组织管理和指挥舰队之权归雅典，金库也由十名雅典人担任的财政官 (hellenotamiai) 管理。同盟成立后在抗击波斯入侵时发挥了重要作用。但在希波战争后，成为雅典统治者压榨各入盟小邦、树立海上霸权的工具。提洛同盟成为雅典帝国（Archae）。伯罗奔尼撒战争后期同盟开始解体。公元前 404 年雅典战败，同盟被斯巴达强令解散。

—— 王觉非主编：《欧洲历史大辞典·上》，上海，上海辞书出版社，2007。

图 6.3　修昔底德像

正是出于这样的本心，我们看到，修昔底德探讨的核心问题为“什么是战争”，而这个问题，确实成为人类历史上最重要的、最值得探讨的、最需要解决的问题。

“以史为鉴”，如果用西方的话语来说，大概就是“一切历史即当代史”吧！（图 6.3）

书写历史的第三个原因，统一思想。我们的视线需要离开历史学家个体，转向统治阶层。中国是史学大国，中国历史，有文字记载的，至今可以算出有四千多年。而在历史文本中，最主要的是正史，即《二十四史》，它们是官方的史书。中国古时私人修史之风盛行，到了隋朝，皇帝下令禁止私人修史，并建立官修史书的机构。到了唐代，专门设立“史馆”。以后每一新建立的朝代，总要为前一个朝代修史。

统治者为何如此热衷修史，并禁止民间修史呢？一方面，其目的还是要总结前朝兴废之经验，垂示当下。另一方面，很重要的一点，就是统一思想。

我们以《明史》为例，清灭明之后，于康熙十八年诏修《明史》，以大学士徐元文为总裁，邀请黄宗羲的弟子万斯同编纂。徐元文去职之后，又继之以张玉书、陈廷敬、王鸿绪等人。修史是一桩浩大而漫长的工程。我们发现，修史或者大型类书的编纂，一方面是为了炫耀文治，歌颂新朝；另一方面，是网罗大量文人，使他们皓首穷经。自然，也让他们没有太多的时间发表见解或者牢骚，这是统一思想的很高明的手段。在修史的过程中，还可以对改朝换代的过程加以粉饰。一部如此规模的《明史》，里面竟没有记载辽东一隅建州三卫的故事，官方修史的目的也可见一斑了。

知识链接 6.4

建州三卫：明代在东北地区建州女真聚居地设置的三个地方军事行政机构的合称。包括建州卫、建州左卫、建州右卫。委任各部首领，俾仍旧俗，各统其属。至努尔哈赤起兵反明，建州三卫结束。

从秦代以来，中国一直是中央高度集权的大一统帝国模式，统一思想当然是统治者最需要做的事情，而书写历史即重要手段之一。（图 6.4）

书写历史的第四个目的是娱乐。我们终于可以轻快一些，将目光转向民众了。

中国的民众一直在讲故事和听故事，而其中最受欢迎的民众故事是历史故事。

宋代开始，有了职业的故事讲述者，而讲故事用的底本，就称之为“话本”。话本的内容主要有三类：讲史、小说和说经。讲史就是讲述前代的历史故事，而且总是讲朝代兴废的军国大事。这一方面是受到正史的影响，正史一般也都是帝王将相史和重大事件史；一方面，也是因为讲乱世更有刺激性，更容易娱乐受众。现存的宋元讲史话本，按照朝代顺序就有《武王伐纣平话》、《七国春秋平话后集》、《秦并六国平话》、《前汉书平话续集》、《三国志平话》、《薛仁贵征辽事略》、《五代史平话》、《宣和遗事》九种，竟然从商周一直讲到了宋代。而讲史这种样式，也直接催生了后来的长篇章回体小说。“要知后事如何，且听下回分解”、“花开两朵，各表一枝”，看到这些话语的时候，我们不由会心而笑。真的呢，中国的章回体小说正是讲给大家听的，而不是写给大家看的。

苏东坡曾经记录：“涂巷中小儿薄劣，其家所厌苦，辄与钱，令聚坐听说古话。至说三国事，闻刘玄德败，颦蹙有出涕者；闻曹操败，即喜唱快。”原来那个时候，小朋友如果太调皮，没法打发，家长就让他们去听故事。而小朋友已经有了很明确的好恶，他们听说刘备败了，就会掉下眼泪；听到曹操败了，就会拍手称快。看来，民众直接颠覆了正史《三国志》对人物的评价呀！

更有趣的是，甚至连皮影戏的源起都和三国故事有关。据说宋仁宗的时候，有一个人非常擅长讲三国的故事。有人就根据他的故事，用纸制作影人，进行表演。后来发现纸容易坏，就用羊皮雕形，用彩色装饰，来进行演出，也就成了后来的皮影戏。

所以，书写历史的第四个原因，就是为了民众之娱乐。

历史的书写方式

书写历史有很多种方式，不同的方式，意味着记录历史的侧重点不同，可以以人物为中心，可以用时间来串联，可以用事类来分述……

我们以正式的史书为例。正式的史书会很严肃地将体例告知受众，体例就是史书的编撰方法。如果从体例角度来看中国的历史记载，我们会接触到这样

图 6.4　二十四史

一些专业的术语：纪传体、编年体、典志体、纲目体、纪事本末体等等。其中最基本的两种为纪传体和编年体。简单来说，它们就是以人物为中心与以时间为中心来记录历史。

纪传体，又可称为纪表志传体，它不只是单纯的人物传记。《汉书》提供了一份纪传体的标准样式：本纪、列传、表、志。其中本纪就是帝王之事；列传是重要人物的传记，这二者都是以人物为中心的；而表和志就不是人物传记了。所以纪传体实际上是一种综合的样式，是从时间的顺序、人物的作为，以及同类性质的活动与制度等三个方面来记录历史。比单纯以时间的顺序来记录，有很大的进步。不过，人物当然是纪传体的核心，在人物中，又主要以帝王将相之类的重量级人物为主。所以有人认为，一部二十四史，就是一部帝王将相史。

确实，历史是由时间长河中人的活动组成的，所以人必然成为历史记录的主体。史书中人物的选择与记录角度就很关键了，它往往意味着史学家的眼光。

司马迁是正史作者中最有眼光的。他说："古者富贵而名摩灭，不可胜计，唯俶傥非常之人称焉。""俶傥非常"之评价标准，超越了许多纪传体史书只按身份等级来记录人物的标准。此时，史学家成为历史记录的主体，对历史人物进行独具匠心的选择以及客观的评价；让他笔下熠熠生辉的人物，如群星一般，勾勒及辉映出历史浩瀚的银河。这是多么大气和独具慧眼的做法啊！

所以，我们看见《史记》中，汉惠帝虽贵为皇帝，却未拥有自己的本纪，只是被依附于《吕后本纪》之中；而"力拔山兮气盖世"的项羽，虽然功败垂成，却被列入本纪，享受帝王级的待遇。

司马迁对项羽的评价是很独到的。一方面，他极为欣赏项羽，甚至将他与舜相提并论，说他们两人都是重瞳子，项羽是不是舜的后代啊？舜是圣人，这样的比喻很了不得，足以见得司马迁对项羽评价之高；如果我们审视一下秦末局势，当时豪杰蜂起，不可胜数。而项羽号为"霸王"，政由羽出，他虽未称帝，实际上一度是天下共主，所以把他列入本纪，以他为核心人物，来统摄那个纷纷乱乱的时期，这是极有眼光的。另一方面，司马迁并非盲目推崇，他的分析很客观，将项羽之弱点说得清清楚楚，认为他"奋其私智而不师古……欲以力征营天下，五年卒亡其国。"而具体到文本中，司马迁结合史实，并动用了自己合理的想象，让我们追随他的笔墨，听到深沉夜色中的四面楚歌，听到虞姬为项羽慷慨悲歌；让我们看见项羽的部下泪流满面、不敢仰视；看到项羽不愿渡江，临死前仍奋勇杀敌……

这样的写法，会让许多人困惑，这是史学还是文学？史书，可以这样塑造人物吗？而西方 18 世纪的浪漫主义史学的理念，可说是对此问题做出的较好答复。浪漫主义史学之父赫尔德认为，历史重要的是去理解，历史学家一方面要运用想象、情感等非理性的方式去理解历史，另一方面要力主求真，切不可因此而导致历史著作失真。而反观司马迁之人物撰写，他确实做到了上述二者之结合，在他的作品中，既有对人物移情式的想象、理解，而一切想象、理解，又是建立在相关人物丰富的史料基础之上的。

知识链接 6.5

赫尔德（1744—1803）：德国作家、思想家、路德派神学家、历史哲学家。在德国 18 世纪文学复兴中扮演极为重要的角色，同时他也影响了“狂飙及跃进时代”的兴起和浪漫主义文学，被认为是德国浪漫主义的先驱。著有《论语言的起源》（1772）、《论莪相和古代民族的诗歌》（1773）、《莎士比亚》（1773）、《也是一种对人类进行教育的历史哲学》（1774）等。（图 6.5）

而《史记》之后的一些正史，就有点每况愈下的感觉，很少有那么精彩的人物了，确实有点围绕帝王将相打转的感觉。在很多时候，史学变成为政权服务，为统治阶层服务了。

无论如何，纪传体体现了中国史学的关注点——把人物视作历史的中心部分，用人物来书写历史。

编年体则是以时间为维度来书写历史。历史本来就是关于时间的记录。

中国正式的编年体从《左氏春秋》开始。但是后来编年体一直受到纪传体的压抑，直到司马光编撰的《资治通鉴》出现，才重振声威。司马光和他身边的人著史花费了十九年，叙述了一千三百六十二年的时光，从周威烈王二十三年一直写到后周世宗显德六年（公元前 403—959 年），按照朝代分为十六纪。虽然时日漫长，整部书却组织精密、条理清楚、详略得宜。

有趣的是，虽则以时间为线索，贯穿于书中的还是对人事的理解，“治”是该书的关键词，宋神宗认为该书“鉴于往事，有资于治道”，而“治”之关键是调整好君臣关系，司马光试图以时间为脉络，在历史中寻找“治”之办法，所以政治、军事以及与之相关的制度、礼乐、用人、行政、习俗、风气等，占据该书的主要地位。

以时间为线索来写史，看似脉络简单清晰，但也会有许多问题。正如《四库全书总目提要》中说的：“编年之法，一事而隔越数卷，首尾难稽。”在追随时间的过程中，往往会割裂事件的整体脉络，也容易陷入到繁琐的细节之中。所以在《资治通鉴》之后，又派生出两种史书体裁——纲目体和纪事本末体。

南宋朱熹与弟子赵师渊等作《资治通鉴纲目》，创纲目体。仍旧取编年之形式，而每事皆分纲要与细目两部分。先用大字做概括性的提纲，其下以分注的形式详述细节。这样就清晰简明得多了。

南宋袁枢作《通鉴纪事本末》，创纪事本末体。他并未改动《资治通鉴》的文字，只是将分年叙述之事，列为二百三十九个专题，每题之下，按照时间

图 6.5　赫尔德雕像

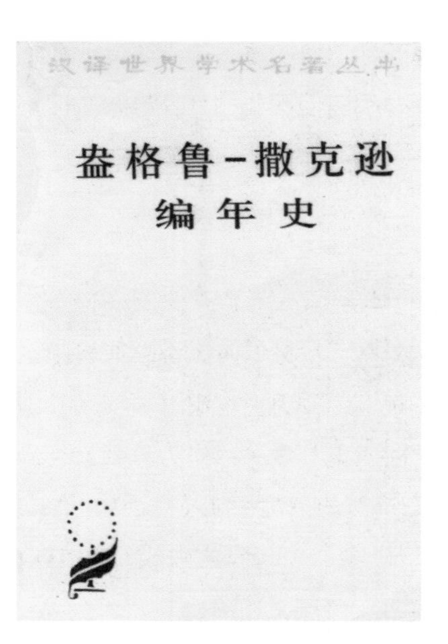

图 6.6 《盎格鲁 - 撒克逊编年史》

顺序，汇录原文。比如战国和秦，《资治通鉴》本来有八卷，而袁枢分为三目：《三家分晋》、《秦并六国》、《豪杰亡秦》。这样一来，既以时间为顺序，又把事件展示出来。当然，这种体例也有问题，由于专题有限，所以很多史事无法融入书中。

顺便介绍一下西方的编年史，西方的编年史源于寺院的年代记。早在 7 世纪前的英国，每年的复活节，各寺院的主持会做一本来年的日历，将星期日以及重要的宗教节日记明，以后僧众会将发生的一些事件记载在日历的边缘，形成了最初的年代纪。而这种记载方式于 7 世纪被介绍到欧洲大陆，后人将诸多的年代纪合编起来，就产生了编年史。《盎格鲁 - 撒克逊编年史》便是这样一部根据许多年代纪编辑而成的史学著作。

知识链接 6.6

《盎格鲁 - 撒克逊编年史》：英国最著名的史书之一，也是中世纪早期西欧最重要的史学著作之一，是记载公元前 50 年至公元 1154 年英国历史的唯一史料，因此具有极高的历史学价值。该书的编写肇始于公元 9 世纪末，材料来源多种多样，以编年体写成。（图 6.6）

总体来说，书写历史有许多方式，可以从人、从事、从时间等维度去把握历史。而慢慢的，这些人、这些事、这些旧日的时光，也融入到当下的岁月之中。

而用什么样的语言书写历史，也一直引人关注。班固曾言及良史之才，应该是“善序事理，辨而不华，质而不俚，其文直，其事核，不虚美，不隐恶，故谓之实录。”这一段主要拈出“实录”二字，以此二字出发，班固认为历史书写之语言特点应该是清楚明白但不华丽；朴素大方但不俚俗。要把握这样的分寸，其实颇有难度。

知识链接 6.7

班固（32—92）：字孟坚，扶风安陵（今陕西咸阳东北）人，东汉著名史学家、文学家，一生著述颇丰。作为史学家，《汉书》是继《史记》之后中国古代又一部重要史书，“前四史”之一；作为辞赋家，班固是“汉赋四大家”之一，《两都赋》开创了京都赋的范例，列入《文选》第一篇；作为经学理论家，他编辑撰成的《白虎通义》，集当时经学之大成，使谶纬神学理论化、法典化。

班固的“实录”二字，有点类似于19世纪西方客观主义史学的“如实直书”理论。“如实直书”，并不仅仅牵涉到语言表达的问题，起码需要兼顾以下三个层面：首先要有经过考订的严谨的史料作为保障；其次需要史学家不偏不倚的态度；最后才是用直接真实的文字进行表达。而班固所说的“其文直，其事核，不虚美，不隐恶”，指向的亦为此三个层面。

但是，“实录”并非单调枯燥的记录，班固的这段文字，赞扬的对象正是司马迁。司马迁的语言清楚明白，但同时又生动形象。而受众，也绝对不愿意味如嚼蜡地看一部史书，而是希望以语言为媒介，对过往展开想象，如临其境，如闻其声。

我们来看这样一段记录，写的是国破家亡的某个瞬间：

> “当他们（罗马骑兵）进入城门（阿尔巴城）时，既没有城被占领时常有的那种骚乱也没有恐慌：在城门被攻克、城墙被羊头槌突破，城堡被武力占据后，敌人的呼喊以及武装者满城的奔跑使一切陷入剑与火之中；但是当时，悲哀的沉寂与默默的悲痛却这样攫住了所有人的情绪，以致由于恐慌忘记遗弃什么，随身带什么，他们无所适从，一会儿站在门口，一会儿毫无目的地徘徊在房中以便这时看上最后一眼。”

这段描述出自古罗马历史学家李维的《建城以来史》（上海人民出版社，2005年，第85—87页），这部史书试图重筑罗马先人的历史。看完这个片段，你是否有进入现场之感？是否会被失去家园者的沉寂与悲痛打动？而这样的亡国之痛，又是一种通感，永远贯穿于人类的历史进程之中……

知识链接 6.8

蒂托·李维（公元前 59—17 年）：古罗马著名的历史学家。生于意大利北部的帕塔维乌姆（今帕多瓦）。早年受过良好的传统教育。后移居罗马，与奥古斯都过从甚密。一生著述丰富，但流传下来的只有“罗马史”（原名为 Ab urbe condita libri，意为“从罗马建城开始”）。他用 40 年左右时间写成这部巨著，共 142 卷，记述自传说中的埃涅阿斯到达意大利至公元前 9 年的史事。是保留至今惟一一部出自罗马人之手详尽记载古罗马早期历史的著作，因此有着特殊的史学价值。

李维和司马迁很相像，二人都是同时兼具文学家和史学家之长。他们的作品，叙事畅达，语言精彩，像是生动的画卷，引人漫步于历史之中。而他们的语言，无疑展示了历史书写的极高境界。

说到书写历史的语言，一方面，它们存于史学著作之中；一方面，它们悄然进入了日常语汇之中。

中国人有太多的历史典故，这些典故是以语言的方式定格的。例如卧薪尝胆、完璧归赵、鸿鹄之志、破釜沉舟、背水一战、草木皆兵、放虎归山、风声鹤唳等等，每一个词都是一段历史的追忆、都是一幅浩瀚的图卷、都是一个精彩的故事。这些典故为世人津津乐道，千古传唱；由于太熟知了，世人不仅了解其情节，而且熟谙其精神气质；所以慢慢的，这些词演变成了传递独特意义的符号，它们从自己的历史场景中跳脱出来，进入每代中国人的日常交谈之中，生活情境之中。

知识链接 6.9

草木皆兵、风声鹤唳：历史典故出自“淝水之战”。《晋书·谢玄传》：“闻风声鹤唳，皆以为王师已至。”《晋书·苻坚载记》：“坚与苻融登城而望王师，见部阵齐整，将士精锐；又北望八公山上草木皆类人形。”公元 357 年，苻坚与琅琊王司马睿分别统一南北两方，形成秦晋南北对峙的局面。公元 383 年五月，苻坚不顾群臣反对，决意攻取东晋。晋军西行，与秦军对峙淝水。12

月有人向苻坚建议后退决战。诸秦将认为阻敌淝水畔比较安全，但苻坚认为半渡而击可主动对决。当秦军后移时，晋军渡水突击，秦军阵脚大乱，顿时一溃千里，人心惶惶，秦军大败。后世以“草木皆兵”来形容人在极度恐慌时，一有风吹草动便疑神疑鬼的样子；以“风声鹤唳”来形容人极度恐慌以致于自相惊扰的样子。

还有一些词语我们经常使用，但是打造词语的历史场景却慢慢被淡忘了，只剩下对意义的把握。如果把词语中的故事说出来，也会让人很惊讶，原来是这样啊！

比如我们会用“虎头蛇尾”一词来形容做事情开始很认真，到后来草草收场。但是没有人去细究一下，为什么会是虎头蛇尾，老虎和蛇有什么关系啊？其实这个词原本是“龙头蛇尾”，源于禅宗语录，是僧人常用的口头语。龙蛇种属相同，外形相似，所以以此作喻。而中国文化中长期形成“以龙为首”的观念，所以“龙头”意味着排头，为首。这样一解释，就好理解得多了。而“虎头蛇尾”一词，不见于禅语，大量出现于明代。“龙”被“虎”所替代，为什么会发生这样的变化？原来明代的草民皇帝朱元璋骨子里不自信，所以极力维护其作为皇帝的权威，大兴文字狱。他甚至不准民间使用象征他权威的“龙”字，当时的才子高启在文章中用了“龙盘虎踞”一词形容苏州地势，就被抓住当作罪证，后来甚至被腰斩了。所以，在书面语中，“龙头蛇尾”一词也就消亡了，“龙”字在当时迅速被“虎”字替代。

原来看似漫不经心的词语“虎头蛇尾”，其后竟然有这么惊心动魄的历史往事啊！而这样的语汇，其实有许多许多……

从历史书写到语言，我们发现，历史融入的是每一代中国人的日常生活。

历史书写的丰富载体

在历史的书写部分，我们举了好多正史的例子，好像很长一段时间以来，大家的目光也都集中于正式的史书，其实，历史可以有各种载体，而“书写”一词也可以是一种泛指。同一段史事，我们可以在正史中阅读到，也可以在文学作品、民间讲唱、戏曲、考古发现、各类民间工艺中邂逅……

来给大家介绍一位国学大师，他的名字叫做陈寅恪。他曾与王国维、梁启超、赵元任一起，同为清华大学国学研究院导师，后来任教于国内各大学及香港大学；建国以后，他任岭南大学（今中山大学）教授。他是一位伟大的史学家，精于魏晋南北朝史、隋唐史、晚明史等等。（图 6.7）

他运用的一个很有意思的史学研究方法就是“诗史互证”：一方面以诗为史料，来对旧史进行考证增补，甚至提出全新的观点；另一方面以史证诗，让诗歌的脉络更为通畅，意义更为彰显。

陈寅恪先生有《元白诗笺证稿》一书，即以中唐诗人元稹、白居易的诗歌作为史料，以诗考史、释史。陈寅恪先生真像是一位探案高手：一方面，他可以由元白之诗歌，探求其间未发之旨；一方面，由元白诗所述之事，探中唐社会之实。

白居易说自己写诗的宗旨是一吟咏一事，但出于现实的制约，他在一些诗歌中并未将真实的创作动机明示出来，而寅恪先生却洞察细微，将之一一破解。

例如白居易写过《陵园妾》一诗，以幽闭之宫女比喻窜逐之臣，文中未有实指，寅恪先生敏锐发见：“乐天此篇所寄慨者，其永贞元年窜逐之八司马乎？”，“惟八司马最为宪宗所恶，乐天不敢明以丰陵为言，复借被谗遭黜之意，以变易其辞，遂不易为后人察觉耳。”

原来此诗竟是为永贞元年被贬斥的八司马所做，八司马中就有我们非常熟悉的诗人柳宗元、刘禹锡。寅恪先生真是探案的高手了。

图 6.7　中山大学陈寅恪故居

知识链接 6.10

二王八司马事件：唐顺宗在位期间由王叔文、王伾等人所领导的一次政治革新运动，主张打击宦官势力、革新政治。因遭到宦官集团的强烈抵制，改革失败。王叔文集团掌权一百四十六天。后人称为“永贞革新”。“二王”指王伾、王叔文，“八司马”指韦执谊、韩泰、陈谏、柳宗元、刘禹锡、韩晔、凌准、程异，他们在改革失败后，俱被贬为州司马，故名。

另一方面，先生借元白诗所述之事，加以开拓并联想，以诗为史料，探求当日社会之实。

《卖炭翁》是一首广为流传的诗歌，一般我们最多解读到中唐之“宫市”——亦即太监向民间强行采购之弊政。然而寅恪先生却有更加丰富的联想，他把这首诗和《顺宗实录》之记载联系在一起。“上（顺宗）在东宫，尝与诸侍并王叔文论宫市事，叔文无言，退，上问其故，叔文曰：太子职在侍膳问安，不宜言外事，陛下（德宗）在位久，如疑太子收人心，何以自解？”此为叔文表面之言，实则殊有深意，先生案曰：“当日皇位之继承决于内庭之阉竖，而宫市之弊害则由宦官所造成，顺宗在东宫时，所以不宜极论宫市者，亦在于此，不仅以其有收人心之嫌也。”所以，我们从《卖炭翁》中只是看到了宫市弊政，而寅恪先生则进一步阐明宦官非但把持宫市，亦已把持皇位继承等重大内政，为当日之社会危机之根源。

所以，诗歌也可以成为史料，也是一种历史书写的特别方式，当然，这样的方式，还有许多许多……

再来给大家讲一段史事，不过史事的主题不知如何来定——是定为安史之乱好呢，还是定为李杨之爱情故事？我们来看下面两段文字——

> 乙未将星变，贼臣候天灾。胡骑犯龙山，乘舆经马嵬。千官无倚着，万姓徒悲哀。诛吕鬼神动，安刘天地开。奔波走风尘，倏忽值云雷。……（高适：《早秋京口旅泊章侍御寄书相问因以赠之时七夕》，《全唐诗》，上海，上海古籍出版社 1986 年，第 494 页。）
>
> 丙申，至马嵬驿，将士饥疲，皆愤怒。陈玄礼以祸由杨国忠，欲诛之。……上使高力士问之，玄礼对曰：‘国忠谋反，贵妃不宜久供奉，愿陛下割恩正法。’……上命力士引贵妃于佛堂，缢杀之。（司马光：《资治通鉴》卷二百一十八。）

这两段文字的情境非常相似，第一段文字出自高适所写的诗歌《酬裴员外以诗代酒》，第二段文字是司马光《资治通鉴》中的记录，写的都是唐玄宗马嵬赐死杨贵妃的史事。我们发现，诗歌可以与史书一样，记录安史之乱爆发时万姓流离、千山变色的惨烈而宏大的历史场景。

不过，并非所有写安史之乱的诗歌都是纪实的、现实主义的。唐人对于安史之乱的诗歌记录分为两个阶段，第一个阶段是遭遇者的记录和反思，正如本文所引的高适的诗歌。第二个阶段是未经历者（中晚唐）的阐述。反映在诗歌上，我们看到，诗人主要通过两种方式来阐释安史之乱，一为正史式的论述，如杜牧、温庭筠的一些诗歌。一为意象式的论述，即把纪实的、复杂的事件简化为浓缩而零散的意象——华清宫或绣岭宫意象，马嵬意象，霓裳羽衣曲为代表的歌舞意象等。

李商隐的诗歌就很有代表性："海外徒闻更九州，他生未卜此生休。空闻虎旅传宵柝，无复鸡人报晓筹。此日六军同驻马，当时七夕笑牵牛。如何四季为天子，不及卢家有莫愁。"（李商隐《马嵬》二首）

当然，还有一首长诗更加有名，那就是白居易的《长恨歌》：

……

渔阳鼙鼓动地来，惊破霓裳羽衣曲。

九重城阙烟尘生，千乘万骑西南行。

翠华摇摇行复止，西出都门百余里。

六军不发无奈何，宛转蛾眉马前死。

花钿委地无人收，翠翘金雀玉搔头。

君王掩面救不得，回看血泪相和流。

黄埃散漫风萧索，云栈萦纡登剑阁。

峨嵋山下少人行，旌旗无光日色薄。

蜀江水碧蜀山青，圣主朝朝暮暮情。

行宫见月伤心色，夜雨闻铃肠断声。

……

诗人们的目光已经转向了唐玄宗与杨贵妃的爱情，关注点由庞大的史事变为个体的情感。关注的视野，也从整个战争爆发的区域，变为一些有象征意味的地点。（图 6.8）

而到了清代洪升创作的戏曲《长生殿》中，更是将这种情绪，通过综合的表演方式，营造到了极点，并且加以文学的加工。

图 6.8　《长生殿》剧照

在戏剧，我们聆听到了唐玄宗七夕夜晚对杨贵妃做出的承诺——“……双星在上，我李隆基与杨玉环，（旦合）情重恩深，愿世世生生，共为夫妇，永不相离。有渝此盟，双星鉴之。（生又揖介）在天愿为比翼鸟，（旦拜介）在地愿为连理枝。（合）天长地久有时尽，此誓绵绵无绝期。……”

我们还看到，杨贵妃为了自己所爱的人，主动请死——“（旦跪介）臣妾受皇上深恩，杀身难报。今事势危急，望赐自尽，以定军心。陛下得安稳至蜀，妾虽死犹生也。算将来无计解军哗，残生愿甘罢，残生愿甘罢！”

我们还感受到，唐明皇失去杨贵妃之后的那种无比缠绵的沉痛——“淅淅零零，一片凄然心暗惊。遥听隔山隔树，战合风雨高响低鸣。一点一滴又一声，一点一滴又一声，和愁人血泪交相迸。”

你是否觉得这些文本已经背离了真实的史事，是否会问，这还算是历史的书写吗？而我们是否可以把这些诗歌、戏剧或者别的样式，也当作历史的载体？

回答是肯定的，我们再来反观一下这些诗歌和戏剧，从表面来看，它们偏离了历史宏大叙事的轨迹，变得那么镜头化、细节化；它们偏离了真正的史事，变得如此虚构化、抒情化，但它们呈现的是另外一些真实，解读它们，可以让我们了解民众的历史观。

八年的安史之乱，被帝王之事，甚至是帝王之家事来取而代之。这种思路较早的来源是儒家的政治思想：天下之本在国，国之本在家。“君君，臣臣，父父，子子”构建成了国与家的有机体系，在此体系中，君，即帝王是核心。故国家即被看成是帝王之家，所谓的“普天之下，莫非王土；率土之滨，莫非王臣。”历来的修史把这一思想作为体例固定下来。例如《史记》，五个组成部分之首即为本纪，共十二篇。其年表也是按照帝王之年位排列。这并不仅仅是史书的编排方式，更是千年传承的思维框式。唐太宗曾经写过一首《过旧宅诗》，中间有“一朝辞此地，四海遂为家”之句，正是帝王自身对国家定义的认可及发挥。《长生殿》的题目就是一个最好的例证，以长生殿借代帝王之家，以帝王之家来概括李杨爱情故事，又以帝王情事来代表整个安史之乱。文学与历史的编排都遵循着这种思路。

既以帝王之事为整个安史之乱的核心事件，对国事的注意力就转至人事，自然把动乱归咎于帝王或帝王周围之人。尤其是女祸，杜甫之诗中就有“不闻夏殷衰，中自诛褒姒”之句。“唐人赋马嵬，动辄归咎太真。”（《拜经楼诗话》）女祸成为自周朝开始的国运衰亡的原因，《史记》周本纪中即记幽王举烽火以娱褒姒而亡国；除了女祸之外，唐玄宗责无旁贷，李商隐《马嵬》诗即“讥明皇专事淫乐，不亲国政，不唯不足以保四海，且不能庇一贵妃。”（[明]周珽编：《唐诗选脉会通评林》，《四库全书总目提要》卷一百九十三·集部四十六），不论是罪在玄宗，或是罪在杨妃，亦或是杨国忠等人，都是把国事尽推于地位最高的统治者身上。吕思勉先生在《吕著中国通史》中很精辟地概括了这一特性；“国家衰时人们一般把焦点集中于人事，而非对制度提出疑问。”现代人认为戏曲的模式太过单调，动辄就是奸臣被除，国家兴隆，殊不知，这正是国人自己剖析事物的特性。而戏曲，只不过是一种艺术化的记录而已。

知识链接 6.11

吕思勉（1884—1957）：字诚之，笔名驽牛、程芸、芸等。汉族，江苏常州人。中国近代历史学家、国学大师。与钱穆、陈垣、陈寅恪并称为“现代中国四大史学家”（严耕望语）。毕生致力于历史研究和历史教育工作。1951 年入华东师范大学历史系任教，被评为历史学一级教授。史学代表作品有《白话本国史》、《吕著中国通史》、《秦汉史》等。（图 6.9 ）

而诗化也是民众对历史的解读特征。诗化在文学上体现在几个方面，第一是概括的，非具体的。安史之乱的经历者，正是以这种俯视的，概括式的方式记录史实，“俯视洛阳川，茫茫走胡兵。”（李白《古风》）、“千官无倚著，万姓徒悲哀。”（高适《酬裴员外以诗代书》），他们着重渲染的是当时总体的情感氛围，而不在意于对具体实境的描述。从高适、李白、杜甫、王维等人的记实诗歌中，我们都能发现这种统一的心境与氛围。

诗化的另外一个特征，就是写意的、抒情的。在对史事的抒发中寄寓自己的情感，或是以己之心，去构建史事的情感氛围。而对安史之乱的追思，也慢慢凝聚到了对杨妃的遐想，慢慢缠绵于马嵬的凄凄碧草与风雨之夜的断肠声中。这段情事，甚至被抽象成一个优美的词牌名《雨霖铃》，用来捕捉普遍而又共通的情感律动。

对历史的诗化解读，其作用是导致了述史效果的简化与浓化的鲜明对比。在表象上，历史被处理得看似非常单薄，《长生殿》聚合了历代对此事的视线焦点，把壮阔的安史之乱化为一段霓裳羽衣的舞曲，一幕凄凉缠绵的爱情，一个碧草沉寂的地名。看起来是中国戏曲的特性：关目分明，模式简单，有时甚至令人觉得乏味。但其实这种简化颇具深意：它是民众解史的心态聚合，这种聚合又是一种“浓化”，通过对主题的焦点式的重复与把握，盛唐以一种鲜明的气质出现在世人面前。后人对盛唐的如神话般的想象与追思，很大部分是通过这种聚合心态的文本表现得来的。虽然我们无法通过这种简化把握史实具象，但我们可以把握那个时代的气质。正如贵妃之死这一主题的反复吟咏，并非简单的悼亡，在更深的意味上，她的死等同于美的毁灭，她代表了文化唐朝时期最盛的冶容。盛唐的舞、盛唐的音乐、盛唐的爱情，熔于贵妃身上的繁华的氛围，无一不使贵妃与盛唐气象密不可分。所以这种简化，其实是更深层面上的浓化。民众对历史的解读正是寓深于简之中，重在提炼史事气质，使之直接打动人心，从而得以久久流传。

图 6.9 《中国通史》

历史学家顾颉刚说：从看戏中，看出了故事的变迁；王国维先生也喜欢看戏，看着看着，他钩沉了中国戏曲发展的脉络，写出了《宋元戏曲考原》；而陈寅恪先生则是因为深爱一部弹词《再生缘》，写出了《论再生缘》。

所以，历史书写是广义的而非狭义的，我们的历史有着太多太丰富的载体。关键在于，你如何开拓视野去发现它们，如何解读它们。

历史书写的地域及视角变迁

图 6.10 《孟姜女故事研究及其他》

最后，我们要探讨的是，随着时间的展开，历史书写会发生地域的变迁，而其视角也会悄然转变，我们发现，其实，所有的历史，都是讲述者和受众共同书写的。

顾颉刚先生收集了 2000 多年来关于孟姜女的各种民间传说、文学、艺术材料，整理出历史和地理两个系统，发表了《孟姜女故事研究》，这样的研究方式，引起了学界的轰动。（图 6.10）

在地域方面，故事最早出现在齐国，汉代以来的关于这一故事的传说也没有超过这一区域，在故事初期七百余年，它的发生地没有离开过山东的中部。此后这一故事传播的地域有了很大的发展。故事扩展所到的地域有现在山西的西南部和陕西的东部，湖北的西北部；北京、河北和沈阳（辽宁省）；河南；湖南和云南；广东和广西；福建；浙江；江苏等。

一方面，故事传播的区域越来越广；另一方面，故事的视角发生了很大的转变。我们现在津津乐道的情节是：

孟姜女千里送寒衣，寻找修筑长城的丈夫万喜良；而当她听说丈夫已死，被压在长城之下，她哭倒了长城，让白骨重新出现。这个故事太为中国人所熟知了。然而大家都不知道，这个故事刚开始的情节，和后来完全不一样。

根据顾颉刚先生的研究，孟姜女的原型即《左传》中齐国的“杞梁之妻”。这么一来，大家就会问了：“那时候哪有长城啊？！”确实，最早的故事中，基本没有后来那些版本的影子。最早的故事，说的是这样的情节：齐侯攻打莒国，杞梁为先锋，结果战死了。齐侯在郊外遇见杞梁的妻子，向她吊唁。但是杞梁的妻子认为郊吊不合礼节，拒绝了齐侯，齐侯便亲至杞梁的家中吊唁。这是公元前 594 年的事，从此之后，故事就开始不断讲述、不断变化，而哭断长城之情节定型，起码要到唐代以后了。

所以，任何一种历史书写，都值得从时间、地域两个方面去探究：看看不同的时间、不同的地域，历史书写的载体会发生何种变化，情节要素会发生何种变化，这样的变化意味着什么。

我们再来看一次漫长的历史书写，书写的内容是中国的第五大民间故事——董永的故事。一说起董永，一段熟悉的黄梅戏旋律就会回响心头：“树上的鸟儿成双对，绿水青山带笑颜。从此再不受那奴役苦，夫妻双双把家回。”这是令人怦然心动的爱情旋律。然而我们的董永，最早出现的时候可不是一个爱情的代言人，他是一个标准的孝子的典范。

他最早出现在东汉的武梁祠画像之中（约为公元 147 年到公元 200 年），地点在现在山东省嘉祥县的武翟山。在武梁石室的第三石第二层右数第三个画面之中，我们见到了董永和他的父亲：

画面的中心是一位长者——董永的父亲，他坐在放有盛水小罐的辘车之上，左手拿着一根饰有鸠鸟的长杖，右手前指，似乎在指点董永耕作。董永父亲的右边，是一棵大树，树身左倾向车。董永是个纯孝之人，他特意选择了一棵树荫浓密的大树，让父亲舒舒服服地看着自己种田。董永站在左侧，右手执农具，在耕作的时候好像还不太放心自己的老父亲，回首观望。这是非常感人的田间劳动场景，也许在现在广阔的田野上，我们也能看到这样的一幕，因为中国本来就有孝养的传统啊。

这副画上还有文字，在长者的上方有“永父”二字，而在董永的右边，有“董永千乘人也”六字。明确告诉大家，董永和他的父亲是千乘人，也就是现在的山东博兴人了。

整个画面就是这样简单，是一个田间劳作的场景，一个孝养父亲的场景。

但是慢慢的，故事的区域就突破了山东，而故事的情节也越来越丰富，甚至发生了质的改变。

如果我们结合建国以后的民间故事整理，会发现故事起码有三个中心区域——山东、江苏、湖北；还会发现故事已经进入少数民族的讲述之中；甚至漂洋过海，到了日本。我们主要来看一下故事在山东、江苏与湖北的流传情况。

山东是董永最早的故乡，这个地区的董永故事由下面的系列故事或环节组成：董尚得子、董永定亲、张月莲观荷灯、董永讨饭、董永不贪财、父子相依、董永和鳝鱼、董永和“白莲藕”、董永丧父、董永卖身、傅员外怜悯董永、董永守孝、举孝风波、董永报恩、董永和傅小姐、贤城、“半截刀枕”的来历、傅小姐生病、董永和董公酒、夫妻织布。

所有故事的叙述中心有三个：第一个中心是董永受尽苦辛孝养双亲，双亲死后董永为他们守孝。第二个中心是董永的婚姻及前程。在婚姻故事中，出现了一个叫做李虎的人物，他是一方恶霸，是董永婚姻以及前程的阻挠者，许多环节是围绕着董永与他之间的抗争展开的，而董永在傅家打工，他最终与傅小姐喜结连理。第三个中心是风物传说。董永故事大多数时候都是发生在马踏湖边的，所以其中有几个故事是直接的马踏湖风物传说。

值得注意的是该地区收集到的董永故事中，董永并不是依靠仙姬的力量才摆脱困境的，也从未拥有什么遇仙良缘，他是靠孝顺而为人称道，并成就自己的婚姻的。

与山东相比，江苏地区的董永故事传入得迟一些，但延续性较好，宋元开始该地区成为故事发展新的中心，以后一直没有特别大的断层。

这个地区的董永故事具有以下三个特点：第一，着重于董永与仙姬的爱情故事，董永是在仙女的帮助下摆脱困境的。其实，董永和仙女的相遇，从古到今一直有两种说法。一种是董永孝心感动天帝，天帝派仙女来帮助他；一种是仙女自己看上了他，下凡来帮助他。第二，结合地方风物特产，大力发展风物传说，并带有该地区经济发展浓重的地域色彩。第三，故事基本上继承着唐代《董永变文》的情节，特别是其中的“寻母”主题。

我们来简述一下《丹阳县志》中记录的董永故事：

知识链接 6.12

方志：方志就是记述地方情况的史志。有全国性的总志和地方性的州郡府县志两类。总志如《山海经》、《大清一统志》。以省为单位的方志称“通志”，如《山西通志》，元以后著名的乡镇、寺观、山川也多有志，如《南浔志》、《灵隐寺志》。方志分门别类，取材宏富，是研究历史及历史地理的重要资料。

董永卖身葬父，打动了玉帝的女儿七仙女，七仙女帮助他，并和他结婚。后来仙女回归天庭，把孩子送下凡尘。孩子长大之后，拜鬼谷子为师，由于受不了同学对他的嫉妒嘲讽，他想要去寻找自己的亲娘。鬼谷子让他在镇南头的小石桥上跪七七四十九天，他把桥上的石板跪凹了两个小圆坑，也没有见到母亲。鬼谷子为他的诚心所打动，让他在某月某日的黎明时分去石桥等待，到时会有七位仙女走过，穿绿衣绿裙的就是他的母亲。果然，小董永在那天见到了自己的母亲。后人将这座桥命名为望仙桥，还将七仙女被抓上天庭的地方命名为黄陂。民国时，延陵镇郊还有董永庙、董永墓等胜迹。

董永故事的第三个中心为湖北地区。湖北地区的北部与江苏地区在古代其实一直隶属于同一感觉文化区。它们的地区概念应该是从清代开始逐渐形成的，体现在民间故事中，湖北与江苏的风格非常相似。

湖北地区的情节结构与江苏地区是基本一致的，故事重心也在于七仙女与董永的爱情故事，对于董永与傅小姐的姻缘很少提及；除此之外，寻母也是故事的重要主题。湖北故事还具有自己的一些独特的色彩。相比江苏，故事中经济生活的气息没有那么浓重，人们更擅长于品味生活的感受与趣味，故事中有对下棋打牌的刻画；有对小鱼、花喜鹊、四季花草的形象描述；有对自己风俗亲切的记录。

因为这三个地区拥有非常丰富的“董永资源”，所以现在它们都大力发展与董永有关的旅游业及其他产业，这三个地区还一直在争夺董永故里的归属权呢!

从民间故事来看，董永的生活还是相当丰富多彩的，并没有突出某一方面；那么，为什么我们现在知道的，却只是他和七仙女的爱情故事呢？其实，这种转变定格于上世纪五十年代黄梅戏《天仙配》对董永故事的改编。1955年，上海海燕电影制片厂根据改编的剧本拍摄电影，由严凤英、王少舫等人主演。1957 年，这部影片获得文化部颁发的 1949—1955 年优秀影片奖。

图 6.11　黄梅戏《天仙配》剧照

影片在短短两三年内，在国内放映了 15 万场，观众达到一亿人次。影片还发行到蒙古、朝鲜、越南、印尼、新加坡、新西兰、加拿大、圭亚那、斐济等国和香港、澳门地区，一时之间风靡中外。这个故事的新情节当然也随电影深入人心了。（图 6.11）

1949 年以前，各地地方戏剧本中的董永情节，和民间故事差不多，是我们非常熟悉的套路：秀才董永卖身葬父，孝心感动玉帝。玉帝命令七仙女下嫁，赐婚百日。七仙女为傅家一夜织好十匹锦绢，傅员外认董永为义子，把三年长工改为百日，还焚烧了契约，赠给董永夫妇银子。百日工满，回家路上，七仙女告诉董永她已经有身孕，送给董永白扇、罗裙，然后重新回到天庭。董永进宝得官，七仙女送子后归天，董永与傅员外的女儿结婚。

而改编后的故事很不一样。董永从宋代开始身份变成秀才，现在重新还他劳动人民的身份。把原来的第一场葬父，包括董永到舅舅家去借钱这一段去掉。原先剧本中的董永得中状元、认傅员外做恩爷、娶傅员外的女儿为妻等调和阶级矛盾的情节也都被删掉。

故事从七仙女和姐妹们偷游鹊桥一段开始。七仙女趁玉帝不在，拉姐妹们去鹊桥游玩，她看到人间的欢乐生活，非常向往。突然，她注意到了一个粗眉大眼的青年在寒窑边哭泣。原来是董永卖身葬父，准备离开寒窑去上工。七仙女看着董永，也伤心落泪，“看天上阴森森犹如阎罗殿，看人间孤身的董永泪涟涟，守着孤单岁月何时了，今日我定要去人间。”七仙女决定私自下凡，去帮助他。大姐也鼓励她，并送给她难香，只要烧起难香，众姐妹就可以来帮助她。

七仙女下得凡去，让土地帮她的忙。她打扮成人间女子的模样，在大路边上拦住董永的去路。董永几次三番被七仙女阻挡，只好把身世告诉七仙女。七仙女劝慰董永，让他不要泪淋淋。她说自己千里迢迢，投亲未得，只要大哥不嫌弃，她愿意与他配成婚姻。董永非常惊讶，连连推托。这个时候土地出来在中间周旋，最后土地主婚，槐荫树开口为媒，成就了这段美好的姻缘。夫妻双双去上工。七仙女非常大胆而感人地表白了自己的心意：“上无片瓦我不怪你，下无寸土我自己情愿的，我二人患难之中成夫妻，哪怕是海枯石烂我一片真心永不移。”

到了傅员外家之后，傅员外百般为难七仙女，他给了七仙女一些无头乱丝，让她在一夜之间织成十匹云锦。如果做到了，他可以将三年长工改成百日，否则三年之后再加三年。七仙女燃起难香，大姐带着姐妹们在晚上下凡来帮助七仙女。十匹云锦织完，三年长工也改成了百日。

历经磨难，满工之后，董永和七仙女准备双双返回寒窑，于是每个中国人都熟知的那段优美旋律响起了：

> 树上的鸟儿成双对，绿水青山带笑颜。随手摘下花一朵，我与娘子戴发间。你耕田来我织布，我挑水来你浇园。寒窑虽破能避风雨，夫妻恩爱苦也甜。你我好比鸳鸯鸟，比翼双飞在人间。

在路上，董永与七仙女憧憬着未来男耕女织的美好生活。希望能够夫妻相亲相爱，虽苦也甜。这个时候董永还惊喜地发现七仙女已经身怀有孕。但是玉帝得知七仙女私自下凡，非常生气，他将大姐打入天牢，并让天神命令七仙女午时三刻返回天庭。七仙女誓死不回，玉帝威胁七仙女，说要把董永碎尸万段。

七仙女和董永来到当年为媒的槐荫树前，董永欢天喜地，七仙女则愁云黯淡。七仙女以种种比喻暗示董永，夫妻今天就要分离，而董永却始终不能领会，沉浸在幸福之中。七仙女只好把真情告诉董永，董永不愿意相信，他央求老槐树开口说话，老槐树此时却默默无语。

为了保全董永的性命，七仙女满含悲愤返回天庭，董永不能追回妻子，昏死在地。七仙女最后对董永唱道：“不怕那天规重重活拆散，我与你天上人间心一条。”

故事在七仙女与董永依依分别的场景之中落下了帷幕。

改编的前提是响应当时的文艺政策，改编的初衷很简单，希望剔除所谓的“统治阶级的封建毒素”。改编者认为，老《天仙配》“一直在替地主阶级宣扬封建孝道，以孝治天下是封建帝王统治万民的法宝。”经过整理之后，“反动的封建道德的东西”就再也看不到了。我们能看到的是封建社会中的青年男女，为了追求爱情和理想的幸福生活，他们斗争着，力图挣脱加在身上的锁链。

知识链接 6.13

共和国初期的戏曲改造：中华人民共和国成立标志着一个新时代的开始，党在领导人民进行国民经济恢复工作的同时，非常重视新中国主流意识形态的建设。戏改运动的任务就是要消除在戏曲界阻碍新中国主流意识形态建设的障碍。戏曲改造基本可分为：改人、改戏和改制，本文围绕新编《天仙配》的分析主要围绕“改戏”展开。

故事的一切人物与情节都是围绕着这样的想法改编的。董永在宋代由农民变为读书人，如今为他“平反”，他再次以农民的身份出现；以前曾经救济过董永、并嫁女儿给董永的傅员外，如今成了董永的对立面——以剥削为本性的地主阶级；玉帝象征着封建阶级的最高统治者，当然不会派七仙女下凡救助董永，所以，剧本改七仙女为私下凡尘，玉帝则对他们加以残酷迫害，以揭示封建社会地主压迫农民的本质；七仙女也由仙女的形象转变为村姑的形象。整出戏把人物简化成为对立的两个阶级，剔除了许多“封建毒素”。

这种努力渗透到整出戏中，取得的却是超出原先设想的效果。回顾从前，董永故事中伦理与爱情两条线索并存，反而削弱了故事的表现力。改编本希望突出阶级对立，因而把人物归为两类，这样反而使得整个故事线索清晰、爱憎分明。如今关注的焦点都集中在董永与七仙女是否能挣脱束缚，过上真正的男耕女织的生活，也就是说，伦理的线索已不复存在，故事被真正演绎成一个浪漫的爱情故事。而且这种爱情非常贴近大多数民众的生活理想——建国初期的中国是以农业为主，以工农为基础的国度；民众还没有摆脱旧日以耕织为主的生产方式，所以董永美满淳朴的爱情与生活方式打动了所有的受众。而如今的唱词也特别平易健康，如其中的“今日回家身有喜，笑在眉头喜在心里。娇儿生下地，两眼笑眯眯，董郎欢喜我也欢喜，谁人不夸我好夫妻”，“我今若离董郎去，他孤身只影怎为生？衣衫破了谁缝补？受暑受凉谁操心？含冤受屈向谁诉？谁为他同甘苦分解愁闷？倘若再当长工汉，谁为他织绢来赎身？”这些词非常简单，却非常贴心，就象是家家院落中的清风，那样的熟悉，又那样的拨弄心弦。更不用说那纯然欢喜、犹如天籁般的满工对唱了，在经历了长年流离动荡的生活之后，刚刚收拾起旧家园的人们听来，这样的声音是多么的美妙与会心，这样的理想何尝不是每个中国人的理想。

由一个较为复杂的剧本改编成一个较为纯净的剧本，正像是把一个故事改写成一首诗歌，《天仙配》的改编正具有这样的效果，不管改变的初衷如何，留给受众的却是田园诗般的感受以及诗歌特有的浪漫气息。我们现在的大多数人已经淡忘了董永其他的生活细节，却只记得“夫妻双双把家还”的美好旋律，也可见改编本实际达到的效果了。

所以，建国以后黄梅戏的改编，使得董永故事获得了新生。这是从古到今董永故事最大的改动，故事的伦理线索彻底退出了舞台，我们所看到的，是一个纯粹的、打动人心的爱情故事。而“夫妻双双把家还”的旋律，也成了所有中国民众爱情生活的旋律。

你一定会惊讶，原来董永故事讲述的重心，发生了这么大的变化。原来一个简单的故事，经历了这么漫长的岁月，传播到这么广泛的区域，承载着这么多的文化。那么，你是否愿意从历史和地理两条线索，追随着各个时期、各个地域、各种载体的历史书写，去感受文本的每一点滴的发展变化呢？而你，是否对何谓历史书写，有了重新的解读呢？

第三部分

历史实践的维度

历史是研究与实践的统一体。在追寻过去的道路上，我们都在不自觉地将过去与当下联系起来。『再现』就是一种常见的联系手段。它以知识传授、实物展示、田野民俗、文字图片乃至游戏的形式，让遥远的过去变得触手可及、栩栩如生。历史实践就是在不断拓宽的道路上前行的。以下是我们平日耳熟能详的几种方案。

第七章 历史实践的维度

蔡乐昶、李炜菁

一、正统学习

1. 课堂教学

课堂学习，是指在学校课堂中师生围绕教材开展历史教与学的活动。这是各种形式的历史教育中最传统、也是运用最广泛的一种实践形式。这与其基础性、条理性、计划性密不可分。

基础性指课堂历史教学所授内容是学生知识体系中必不可少的部分，亦即学生构建世界观和价值观过程中的基础。条理性指每节课的内容依托教材和教师教案，知识点和逻辑框架都尽可能地同学生认知和理解程度相匹配，条理清晰明确。计划性指课堂教学遵循整体教学计划和课时安排，评价体系遵循教育部门的相关规定，整体严谨得当。

作为历史教育的核心组成部分，课堂教学应超越简单的灌输模式。目前国内外的主流是遵循“记忆—理解—运用”的逐层深入轨迹，让学生对历史产生多维度的思考和立体的认知。为此，教师应该结合教材，援引各类史料（包括文献、图片、音频和影像等），重建史实，让学生逐渐形塑时空意识，深入理解史实。在此基础上，将史料与史论、史学相结合，实证考据与逻辑分析、人文关怀相结合，让学生运用所学，处理材料和阐释历史。在这个层面，德国中学历史教育中的史料解读版块能提供一些借鉴：老师会向学生提供不同的材料，学生需要首先分析这些材料，判断它们在多大程度上是客观的、可靠的。其次，学生在老师的指导下，将材料文本置于当时的历史语境，梳理写作者的叙述逻辑。第三步，归纳不同版本的历史叙述，将之互相比较，并与目前所知的历史事实相比较。在此过程中，学生能够逐渐了解历史如何被叙述、结构和重构，进而理解何为多元化的历史去向。

图 7.1　华东师范大学历史学系师范生教育实习展示活动现场

可见，历史教学绝不是既往刻板印象中教师依仗权威的单方面灌输，或学生“记一记，背一背”的死板课程。它需要在激发学生主观能动性的前提下，由师生一起参与不断尝试、讨论和交流的过程。

当然，课堂教学存在客观条件上的一定限制。比如，教师往往只能通过幻灯片和板书来形塑历史场景，学生无法近距离观察甚至接触实物和古迹。又如，课堂时长一般为 40—45 分钟，又需要完成既定的课程目标，很多课外知识和专题无暇涉及。因此，如果想让学生更全面的学习历史，课堂教学需要与其他历史教育实践方式相结合。（图 7.1）

2. 讲座

讲座，是指由主讲人围绕某个主题向观众进行讲解的学术活动。其内容丰富，形式多样，能够在不同程度上补充既有知识体系中尚未涉及的领域，拓宽眼界和思考路径。

讲座的内容灵活丰富，可包括且不限于学界前沿推广、热点问题分析、经典命题再探、学术名家介绍等。不同主题的讲座展开方式不同，如讲座内容覆盖面广泛，主讲人多会试图从多角度展开，或高屋建瓴地呈现全景式的历史样貌；如讲座旨在就某个问题进行深入挖掘，主讲人往往会围绕具体个案或从特定路径切入，剖析历史的内在纹理。近年来，两种类型的讲座逐渐产生分野——一种是契合社会层面对于历史普遍且渐渐浓厚的兴趣，更具公共性，如央视的

图 7.2　意大利博洛尼亚大学教授马里奥・尼夫（Mario Neve）讲座

《百家讲坛》系列；另一种是与当下以问题意识为导向的治学趋势相符，学术性更强，如华东师范大学思勉人文讲座系列。在公共性与学术性之间的广阔区间，为讲座内容和主题拟定提供了更多的选择。

讲座活动一般沿循“引言—演讲—互动”的流程，其中演讲部分是主体，该环节的类型也往往决定了整场讲座的形式。如一场延请一位主讲人，那么讲座多呈演讲式，过程多为报告式，间或夹杂与观众的互动；如果主讲人有两到三人，那么演讲过程多为对谈式。前者能更好地呈现一套完整的研究框架和逻辑，更具有连贯性；后者则需要主讲人互相铺垫、补充、探讨，使讨论的话题来回切换甚至碰撞，表现出更鲜明的交互性。

事实上，任何一场讲座都需要根据实际情况，尤其是受众群体来选择内容和形式。而就历史学科来说，在实际操作过程中，内容又往往居优先地位，由此构成“受众—内容—形式”筛选机制。比如，同是围绕三国时期的主题讲座，面向中学生的当然更侧重于公共性。如果主题是围绕三国政权角逐和南北历史走向的讨论，意见交互性则又比连贯性更有价值。（图 7.2）

二、静物浏览

1. 展览

展览，是指由举办方围绕某个主题设计展板并组织展品以供观看的活动。较之正统学习，展览的不同在于：其一，受众的自主性更强，无需教师或主讲人主导进程，即可自行参观；其二，总体来说面向群体更广，人数限制更宽松；其三，受众与实物距离更近，细节更丰富。展览无疑是连结公众和历史教育的一座桥梁。

展览的类型繁多，举办方需根据受众、展品等因素的不同而调整。比如，面向中学生的展览宜以基础知识普及为主，面向市民的展览则可相对知识性更强。又如，平面展板或板报可供开放空间使用，而文物展品只能在相当级别保护下展出。除了类型以外，举办方需针对受众群体进行相应宣传。如果参观人数不能达到或超过预设，对于展览效果都会有影响。

以历史为主题的展览迄今已不知凡几。任何博物馆对市民开放的展览都能在一定程度上让参观者在观看中了解历史。然而，公共历史教育不可能仅靠博物馆来完成。以学校为例，可以号召学生收集和整理“家史”，将其中优秀成果编排展示；可以组织学生参与到社区或街道文化活动中，了解区域、城市文化的形成；还可以设置校史陈列，展示建校以来的历程——这些不仅能促进公共历史教育平台的资源交互，还可加强各方自身影响力和内在归属感。可见，基于公共历史教育概念的展览，提供了一种软实力共赢模式，在对内形塑认同的同时，潜移默化地促进大众对历史的学习。（图 7.3）

2. 阅读

阅读，是指读者通过文本获取历史知识，了解史学。在信息爆炸的今天，阅读其实已成为人们获取知识最主要的途径之一，对历史教育而言也是如此。

海量文本的来源主要分为纸质出版物和电子文献两类。前者包括科普读物、专著、杂志、学术期刊等类型，与之相比，后者的覆盖面更广——所有文字一经录入电脑、上传网络后均可供读者浏览。然而，并非所有与历史有关的文本都能成为历史教育的材料，这就对读者如何筛选提出了要求。读者需根据自身感兴趣的领域、知识储备、专业水准来挑选适合自己阅读的文本。

同时，阅读当有一定的系统。知识的零散和碎片化固然是信息时代的产物，但为形塑个人的历史知识体系，阅读应当有一个宏观的计划。对初学者而言，可以从有趣的科普读物开始。在对历史产生一定兴趣后，可以开始阅读通识著作，建立起相对清晰的时间轴、空间概念和基础史实框架。然后，可逐步阅读

图 7.3　申城寻踪：上海考古大展海报

各时期断代史和各国国别史。完成上述步骤者，一般已初步具备历史学者的基本素养，可以进入专题史的精度。名家著作、前沿成果和学术批评都可以阅读，以便形成对学界研究的整体性了解。如能在此基础上还有志于历史学研究，可以查找各类史料和档案汇编进行深入阅读。

与正统教学和展览相比，阅读在时间、空间上的限制较少，读者自主性较高。因此，在阅读时最好能培养良好的习惯——比如做笔记。文本中呈现的历史信息数量极大，一般人很难仅凭浏览完成记忆，所以就需要随时提笔记录。为了方便此后查阅，记录宜按照一定顺序或规则。比如阅读通史宜建立横向和纵向的坐标体系，让史实互相关联对应；阅读专题论文则宜记录作者的问题意识、史料来源、分析框架和最终结论；还可以随手抄下能带来启发和思考的句子、段落以便日后重温时不至于完全遗忘。

三、实地勘察

1. 田野调查

田野调查，是通过实地考察进行区域研究的方法，最早被运用于文化人类学和考古学。上世纪七八十年代，历史学者开始关注这种方法，并藉此进行基层档案发现、口述访谈、舆地勘探等。

一般来说，田野调查历时较长，分多个阶段。首先是前期准备，研究者需确立问题意识——即厘清希望通过调查来完成的问题——并据此选定具有特色或代表性的调查区域。然后通过查阅文献资料了解当地情况，学习相关理论和知识，撰写调查提纲。完成上述准备后，研究者方可进入调查区域。

进驻之初，研究者需要尽可能详细地了解以往文献中不曾涉及的信息，如争取获得当地的配合，查阅当地的档案和统计材料，实地观察当地的地理条件等。在积累了较为完备的知识系统后，研究者可正式参与到当地居民的生活中，观察他们的饮食起居、生存状态，然后做口述访谈，询问相关问题，并完整地记录下来。对历史学而言，这些记录能同所研究的问题形成互补、互证，成为对调查核心内容的有效支撑。完成上述工作后，研究者离开调查点，整理调查材料并撰写调查报告和研究论文。

所有进入实地与现场的调查研究皆可归入田野调查的范畴。因此，公众完全可以出于各自的兴趣，对自身所在家族、街道、社区的历史进行了解。如能将调查和走访的过程拍摄或记录下来，更有可能发现学界尚未关注到的领域，促进相关研究的发展。

2. 历史文化旅游

历史文化旅游，指通过旅游实现感知、了解、体察历史文化的行为过程。参与者前往承载历史或文化因素的地点，在参观中实地收获历史信息，感受文化内涵。

图 7.4　文化考察

传统意义上的历史文化旅游多以历史遗址如半坡、河姆渡或者多朝古都如西安、洛阳为目的地。游客组团跟随旅行社委派的导游前往当地，在导游的讲解中沿途游览。导游需要有一定的知识储备和表达能力，为游客答疑解惑。华东师范大学历史学系每年会组织本科生前往西安、洛阳考察。学生在参观皇陵、宫殿、寺庙时，用手写、拍摄、录音记下大量细节，结合导游的解说词，在返回学校后撰写考察报告。较之爬梳故纸堆写出来的文章，这类考察报告图文并茂，更有历史的实感。这一经验其实不仅适用于高校院系，中小学校和公司单位也可以组织学生和员工参加。（图 7.4）

近年来，随着信息普及，游客可以不依托旅行社和导游，自己查找资料制作旅行“攻略”。这种“自助游”形式完全可以承载公共历史教育意义上的历史文化旅游。一间老厂房，一条小弄堂——所有承载公共历史记忆的地点都可以作为旅行的目的地。当然，游客不仅是观光，还需带有一些问题或目的，比如重寻某位名人足迹，重温某些童年记忆，感受某种城市文化等。游客可依照问题选择地点、设计路线、制定计划，然后沿途行走、拍摄、记录。每一份被上传到网络的照片、视频、录音或行记都至少能够为激发公众学习历史的兴趣

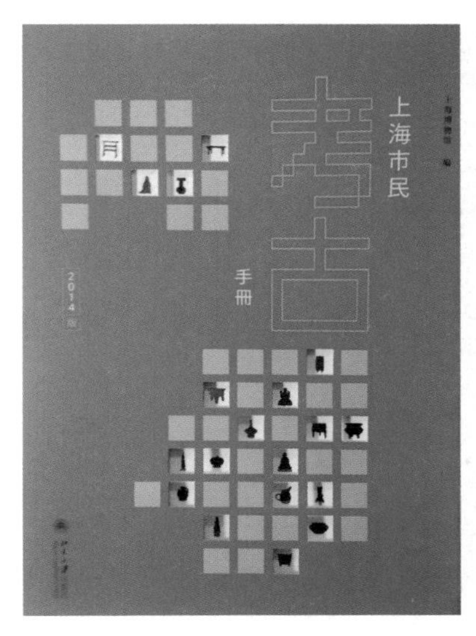

图 7.5 《上海市民考古手册》

添砖加瓦。当然，专业人士如能就此给出建议，提供指导就更为可贵。比如，2014 年上海博物馆邀请一批学者共同设计了一些可供市民参考的路线，为上海本土公共历史教育贡献了一份成果。（图 7.5）

四、模拟再现

1. 手工活动

手工活动，指亲身参与临摹、修复或制作民俗和文博小物品的体验类活动。近年来，随着历史文化逐渐受到重视，博物馆、文化馆、美术馆和学校纷纷开始举办鼓励民众参与的文化项目。手工活动因内容新颖、互动积极、可操作性强，所以被纳入项目体系中。参与者能在动手过程中，了解一件物品或文物背后的细节，引发对历史文化的深刻认同。

（a）体验类：

体验类包括临摹、修复、裁剪等等，往往是让参与者尝试某一工艺环节，或模仿某些艺术创作。在此过程中，参与者能感受到民俗艺术的魅力，达到文化普及的效果，对文化传承有重要意义。比如美国大都会博物馆的绘画活动（“Drop-in Drawing”）即是让参与者观察、临摹、模仿不同的作品，来体会艺术创作的魅力。

（b）学习类：

学习类多是让参与者进入某一种工艺的基本流程，从头至尾体会从原材料到成品之间需要经过的每个重要环节，最后习得这项技艺，并制作一件成品。上海博物馆曾举办过瓷器修复活动，参与者使用浆刷、牙签等文物修复工具，经清洗、粘接和固化等基础恢复步骤，掌握修复工作的基本流程。参与者往往能在收获技艺之中，感受到从事特定工艺者的不易，加强文化保护意识。

（c）设计类：

一般而言，设计比学习的要求更高，参与者不仅需要掌握某项技艺，还需理解其创作机理，包括手法、意图等。在此基础上，结合自身意趣，设计出一份作品。

图 7.6　上海博物馆活字印刷手工活动照片

上海博物馆曾举办过各种青年实验课程，让参与者在传统技艺中找寻当代创意。美国大都会博物馆的艺术工作室（“Studio Workshop”）中也有用镂空艺术字符制作明信片的活动。这类活动往往最让参与者印象深刻，因为他们能从中收获丰富的成就感，也会更深刻地思考如何将传统审美与现代生活和原创精神相结合。（图 7.6）

2. 文艺活动

文艺活动，指受众通过观摩或表演的方式了解史实，尝试追溯并模拟历史的活动形式。不同的文艺活动至少存在以下两方面的历史价值：

一方面，作为一种表现形式的文艺，它能激发人的视听感官联动。在展现过程中，史实、实物被置于同一场景，观众会移情于具象的历史情境中，这比平面信息更能让人感同身受。除了欣赏和研究以外，文艺还可以被编排和模仿。参与者在准备、排练、表演的过程中，能对历史产生更为立体和动态的感受。

另一方面，作为一种载体的文艺，它能反馈双重历史真实。其一，文艺创作离不开创作者和时代背景。因此，它能反映创作者及其所处时代的种种信息——如生平遭际、家国动荡等，让人理解作者的创作意图和精神世界。其二，上世纪 70 年代后现代主义思潮兴起，史学界开始注意到，歌词、剧本和镜头都可被视为话语和价值观的载体——如权力网络、阶级意识、地方宗族等。对于同一事件的不同版本记载，往往能揭示潜在的历史流变脉络。

当然，不同的文艺活动各有特色，对于公共历史教育而言也有着不同的意义。这里仅以影视、戏剧和歌舞为例，展开说明：

（a）歌舞：以音乐和肢体动作为最核心元素的歌舞，是最为悠久的文艺形式之一，它始终萦绕在人类历史进程的主流叙事周围——原始壁画中的舞动人像记载了狩猎前的祈祷仪式；古代歌舞的人数、服饰、配乐反馈出等级社会的礼仪制度；古典乐音律可视作宗教、政治的威权符号；摇滚的节奏则是战后世界新生价值观念的表征……还原和鉴赏歌舞作品对了解其所处时代的仪式和精神有重要意义。当然，随着时间的流淌，迄今为止已有许多作品都因缺乏记载而消逝，让人惋惜，但这也更提醒我们将歌舞纳入历史考察的必要性。

（b）戏剧：从人类文明进入君主国家时代开始，到影视浪潮席卷之前，戏剧都是人们最乐见的文艺形式。其内容依托本土知识，或颂扬，或嘲讽，或哀悼。戏剧有浓重的仪式感，在特定的时间，特定的场合，演绎特定的片段，能达到宣传教化或表达某种价值观的作用。戏剧因人、因时、因地而异，遂有不同的版本、腔调，乃至流派。简言之，戏剧的纪念性、地方性是其内涵最丰富的所在。它承载着丰富的历史信息，政治、经济、文化等领域都能从中得到反馈，进而折射出隐含的历史脉络。当然，戏剧如今日趋小众化，对欣赏和编排能力要求较高——这对历史教育者是一个考验。

（c）影视：兴起于 20 世纪初的影视，伴随着人类科技发展和现代社会的形成。在短短百年间，成为了被接受程度最高的文艺形式。通过表演、摄影、剪辑、声效等途径，靠台词、动作、布景和镜头，它能在最大程度上做到历史场景的模拟再现。大受众群、高完现度，是影视作为一种表现形式，与其他文艺活动的最大区别。作为一种载体，影视可呈现的面向也最丰富。比如投资集团是影视背后资本运营的一个剖面；镜头语言是导演语汇的表达平台；剧本修改、成片删减是审查制度的剪影；影评则是受众群体价值观碰撞的场域。学习者可以多角度分析影视文本，或者自编、自导、自演，互联网时代为这些成果展示搭建了平台，也让公共历史教育和影视的结合由此成为可能。（图 7.7）

图 7.7　华东师范大学“青史杯”历史剧展演现场

五、再次创作

1. 游戏

游戏，指围绕历史或者涉及历史的各类趣味活动，主要包括桌面游戏和电子游戏两大类。

桌面游戏渊源最为悠久。其中较为传统的棋类，已历数百年变迁，所涉历史内涵广泛而深邃。比如围棋考验棋手纵、横、捭、阖，谋定后动的胆略气魄；蕴藏了先后、多少、虚实、阴阳的辩证关系；表达了关于起伏、得失、取舍、胜负的人生哲学。其他如中国象棋、国际象棋、日本将棋也都有各自的“精神世界”。牌类游戏相对历史较短，其中也不乏取灵感于历史的，比如扑克牌中四种花色的 J、Q、K 都有其历史原型人物。近年来，桌游在中国渐热，新出品种繁多。颇受年轻人欢迎的“三国杀”、“英雄杀”，其卡牌人物都脱胎于历史人物，游戏规则的设计和命名也都借鉴了不少典故。

电子游戏的诞生与计算机和互联网技术发展密切相关。在短短二十余年间，已产生不少相当经典的游戏。1997 年发行的《帝国时代》让玩家操纵某个古代民族，通过收集原材料、修造建筑、建设军队，体验早期文明发展历程。它的火爆催生出越来越多的同类型游戏，其集大成者莫过于 Paradox Interactive

图 7.8 Paradox 公司出品游戏《维多利亚 2》

公司的“欧陆风云”、“钢铁雄心”、“维多利亚”和“十字军之王”四大系列游戏。玩家可操纵某个国家在风起云涌的世界中的发展过程。（图 7.8）

除了操纵国家以外，还有游戏让玩家从个人视角体验历史情境。近几年这类游戏中最受好评的是育碧公司旗下的“刺客信条”系列，它逼真还原了佛罗伦萨、君士坦丁堡、波士顿、巴黎等城市原貌，让玩家仿佛身临其境。

这两大类游戏中所包含的大量历史元素能够在相当程度上激发玩家对历史的兴趣。游戏如果运用得宜，将不会是荼毒青年的“洪水猛兽”。以课堂教学为例，教师可以选取其中的片段和历史元素作为趣味教学素材使用，把它同史实相结合、对比，让学生在享受娱乐性的同时，辨明架空与真实的分野，了解历史发展的基本规律。

2. 设计中的历史元素

它指在商品中融入复古气息和历史细节的设计手法。近年来，随着社会对历史的兴趣渐增，各类与历史相关的产业也勃兴起来。以历史为主题的电视剧、电影、视频、游戏等层出不穷，周边商品所占市场份额也水涨船高。名胜古迹吸引了大量游客，景点纪念品必不可少。复古风愈来愈热，以此为设计重点的衣物、饰品、艺术品种类不知凡几。比如台北故宫博物院曾将清康熙帝批阅奏

章时常用的批语“朕知道了”绘印在纸胶带上，这款文创商品一经推出，就颇受海峡两岸游客的好评。（图 7.9）

在这些商品中，历史信息经过艺术化、商业化之后，被投入市场。广受欢迎的商品除了带动消费外，还能加深消费者对历史的印象。对于消费者来说，历史的渗透是潜移默化的，少有说教气息，更容易被接受。对经销商来说，他们在包装、宣传、营销环节中，需要了解如何利用历史元素吸引眼球；对于设计者来说，设计离不开接触和了解各类历史信息，他们自觉地成为了历史学习者。可见，历史元素产品设计能将参与者带入对历史的认知过程，让历史遗存融入生活的方方面面，成为公共历史教育实践的一部分。

2015 年 5—8 月，美国大都会博物馆举办“中国：镜花水月”时装展。

图 7.9　“朕知道了”纸胶带

在这个商业平台上，设计师们推广了中国文化传统中的形色元素，解构东西方时尚与文化的碰撞与融合。无独有偶，2015 年 10 月，北京大学考古文博学院以“古典的要素”为主题，举办“源流・首届高校学生文化遗产创意设计大赛”。参赛作品需要建立在对古代物品的深入分析上，以提炼其精髓，将在当代更有生命力的要素与现代设计结合。有的选手依托长沙马王堆汉墓出土的道家《导引图》中的人像，制作了一系列表情包，也有选手将指甲钳按古代曲辕犁的形制重新设计，都别具一番巧思。这些活动同样可以在学校展开，比如在年度义卖活动中，学生可以将历史元素融入到自主设计的产品中，随后生产和拍卖。学校也可以组织投票，选出将历史元素与现代设计结合最佳的产品。说到底，历史元素是商业运营尚未充分开掘的沃土，“设计—营销”模式可以扩大历史元素的普及。二者的互动能够推动公共历史教育的勃兴，营造别开生面的“历史课堂”。

第四部分

博物馆与历史教育

博物馆与历史教育密不可分。一方面，博物馆是近代以来历史教育发展的成果之一。收藏珍宝，古已有之。但以博物馆的方式，向公众呈现本民族或本区域的文化遗产，进而将之建设成为教育民众的场所，则是现代民族主义运动的产物。特别是国家历史博物馆被后来的历史学家视作『（生产）民族认同的工厂』。另一方面，博物馆现在已经成为公共历史教育的重要平台与传播途径。每年，数以千万计的访客在世界各地的博物馆中留下身影，或流连忘返于数千年的金石古物，或从名家论坛中体验人文艺术之美。博物馆的展品，为略显苍白的历史叙说提供鲜活的佐证；历史教育则通过博物馆显示出它的多样性与吸引力。

第八章　文物上的中国历史：几个案例

王进锋

一、中国人是如何坐起来的

今天所说的“坐”，就是人的臀部放在坐椅上，小腿垂于坐椅边。然而，这种再平常不过的行为的形成，在中国古代经历了一个较漫长的演变过程。

上古时期，人们的“坐”并没有坐椅作为凭借，而只能依靠自身的腿部和臀部来达到舒缓身体的效果。当时比较常见的坐法是跽（jì）坐。

所谓跽坐，就是双膝并拢着地、双足在后、臀部坐在脚跟上。这种坐法类似于“跪”，但有差别，那就是跽坐时臀部坐在脚跟上，而跪则是腰部直起，臀部不挨脚跟。（图 8.1）

跽坐是上古时期非常正式的一种坐法，然而，长时间跽坐容易导致腿部和脚部酸麻，《韩子》（《太平御览》卷 372 引）所记载的春秋时期的一则故事正反映了这样的事实。当时：

晋平公与唐彦坐，而出。叔向入，公曳（yè）一足。叔向问之，公曰：“吾待唐子，腓痛足痹不敢伸。”叔向不悦。公曰：“子欲贵吾爵子，欲富吾禄子。夫唐先生无欲也，非正坐吾无以养之。”

唐彦是春秋时期的名士。晋平公与唐彦交谈的时候一直是跽坐着的，时间长了，腿疼脚麻又不能伸展。后来唐彦走出去，平公才能拉伸一只脚来舒缓腿脚的酸楚。此时，晋国的重臣叔向走进来，看到国君的坐姿，很不高兴。晋平公对叔向说你的爵位和财富都是我给的，言下之意是我当然可以不敬。但是唐彦没有欲求，我不跽坐不足以奉养他。从这则史料可以看出，跽坐着实辛苦。所以人们需要别的方式来调节，这就是蹲居。

蹲居的坐法，清代学者段玉裁指出就是“足底着地，而下其臀，耸其膝曰蹲”（《说文解字注》“居”字条）。所以，蹲居就是屈膝，脚掌着地，而臀部不着地。

知识链接 8.1

《说文解字》：简称《说文》，东汉许慎著。是世界上最早的字典之一，也是我国第一部按部首编排的字典，对文字学影响深远。《说文》根据文字的形体，创立 540 个部首，将 9353 字分别归入 540 部。540 部又据形系联归并为 14 大类，字典正文就按这 14 大类分为 14 篇，卷末叙目别为一篇，全书共有 15 篇。系统地阐述了汉字造字法上象形、指事、会意、形声、转注、假借的所谓“六书”学说。

《说文解字注》：清代知名学者段玉裁的代表性作品。从乾隆庚子即公元 1780 年开始写作，成书于嘉庆戊辰年即公元 1808 年，时间长达近三十年。是徐锴《说文系传》以后的首部《说文》注释书，校勘了大徐本《说文》的不足之处，对《说文》本身进行了一些发凡起例，对许慎的不足予以批评，注释过程中注意到了词义的历史性及发展演变规律，注意到了同源词的探讨和同义词的辨析。在学界影响深远，反响巨大。

然而，蹲居很多时候被古人视为无礼、野蛮的表现。《韩诗外传》记载：孟子妻独居，踞。孟子入户，视之，白其母曰：“妇无礼，请去之。”母曰：“何也？”曰：“踞。”其母曰：“何知之？”孟子曰：“我亲见之。”母曰：“乃汝无礼也，非妇无礼。《礼》不云乎？将入门，问孰存。将上堂，声必扬。将入户，视必下。不掩人不备也。今汝往燕私之处，入户不有声，令人踞而视之，是汝之无礼也，非妇无礼也。”于是孟子自责，不敢去妇。“踞”就是蹲居。孟子因为妻子在家里蹲居，竟然要休妻，幸亏他的母亲及时指出不是女方的错误，才避免了家庭的离析。但是从这件事情上，我们仍然可以看出，当时人把蹲居视为无礼。《后汉书・鲁恭传》也记载：夫戎狄者，四方之异气也。蹲夷踞肆，与鸟兽无别。蹲夷就是蹲居。戎狄族群的蹲居习俗，被看成是类同鸟兽的禽兽行为。西汉贾谊《新书・等齐》指出：诸侯王所在之宫卫，织履蹲夷，以皇帝所在宫法论之。

此处的蹲夷就是蹲居。这句话是说诸侯王的王宫守卫，穿着花鞋，蹲居而坐，就要以皇帝所在的皇宫的法律来论处。在这里，蹲居甚至被看成是违法行为。

蹲居虽然能够缓解长时间跽坐带来的小腿酸麻之苦，但它仍难避免大腿的压力和下蹲给整个身体带来的不适。所以还需要别的坐法来调节，这就是箕踞。

箕踞，段玉裁解释说“臀着席而伸其脚于前，是曰箕踞”。具体来说，箕

图 8.1　玉人跽坐图

踞的坐法又分为两种，一是臀部坐在席上，双膝在身前屈起，足底着地，双手后撑；一是双膝平放，两腿前伸分开，形如簸箕。

箕踞虽然能使身体舒适，但却被视为无礼的表现。战国时期的魏文侯在见隐士段干木的时候“立倦而不敢息”，但是在见魏国大臣翟璜是却“踞堂而与之言”，翟璜很不高兴。（《吕氏春秋·下贤》）翟璜是魏国的大臣，在国君箕踞的情况下，还是不悦，主要还是箕踞是一种无礼的表现。《庄子·至乐》记载：“庄子妻死，惠子吊之，庄子则方箕踞鼓盆而歌。惠子曰：‘与人居，长子老身，死不哭亦足矣，又鼓盆而歌，不亦甚乎！’”庄子本人虽然看淡了生死，但是在妻子的葬礼上箕踞而坐，鼓盆而歌，被好友惠施看成是过分行为。《战国策·燕策》记载荆轲刺秦王失败后，“倚柱而笑，箕踞而骂”，荆轲在此处的箕踞是为了表达对秦王的藐视。西汉时期的赵王敖在汉高祖刘邦路经赵国时，昼夜侍奉，甚是恭敬，然而“高祖箕踞骂詈（lì），甚慢之”（《汉书·陈余传》），这里箕踞是一种轻慢的表现。

图 8.2　汉字“饗”

跽坐、蹲居、箕踞是中国上古时期主要的坐法。

跽坐在汉字产生之初或之前就已经存在了。原始汉字的“饗”字形左图：（图 8.2 ）。

像两人相对一个煮器而食。这个图像中的两人都是跽坐。象形文字的原型通常来自当时或之前的社会生活。“饗”字字形反映文字产生之初或之前，人们在日常生活中就跽坐了。

根据考古发现的文物资料，商代的人们在日常生活中就是跽坐。1935 年考古工作者在殷墟进行发掘，从编号为 1004 号和 1217 号的大墓的翻葬坑中挖出了一件大理石圆雕人像。这件石像残缺了头部和右半身，但从存有的左半部分来看，正呈跽坐状态（梁思永、高去寻：《侯家庄第五本・1004 号大墓》，“中研院”史语所，1970 年，第 41 页）。1976 年发掘的殷墟妇好墓是一座保存完好的商王室墓葬，墓主人是商王武丁的妻子妇好。这座墓中出土了多件玉人和石人，其中编号为 371、372、375 的圆雕玉人，376 的圆雕石人，377 的圆雕孔雀石妇人都呈跽坐状（中国社会科学院考古研究所：《殷墟妇好墓》，文物出版社，1985 年）。1975 年，相关人员从西安市大白杨废品回收库征集了一件提梁卣（yǒu），现藏于西安文物保护考古所。此卣作裸女形。头部略呈圆形，口、眼内凹，耳为中空半环形，一耳残缺，鼻为三角形。双乳凸起，性器明显。双手五指纤细，扶在腿上，双脚极小。后背铸有一大饕餮纹。它应是商代器物。这件裸女卣整体呈跽坐状（西安市文物保护考古所：《西安文物精华・青铜器》，北京，世界图书出版公司，2005 年，第 88 页）。这些文物形象反映跽坐在商人的生活中是非常普遍的。

秦汉时期的人们在日常生活中还是跽坐的。东汉末年灵帝时，向栩“常于灶北坐板床上，如是积久，板乃有膝、踝、足指之处”（《后汉书・向栩传》），向栩的坐法应当是跽坐，所以时间长了，膝盖、脚踝和双脚都在床板上磨出了印迹。东汉末年，刘备手下有一位重要谋士简雍，“性简傲跌宕，在先主坐，箕踞纵适”（《三国志・简雍传》），他与刘备同坐，也是采用箕踞的方式。

魏晋南北朝时期，以上三种坐法仍然占有重要位置。汉末三国时期的管宁“常坐一木榻，积五十余年，未尝箕股，榻上当膝处皆穿”（《太平御览》卷 706 引《高士传》），膝盖将木榻都磨穿了，管宁应当就是跽坐。南朝萧梁的萧藻“独处一室，床有膝痕”（《梁书・长沙嗣王业传》），他应当也是跽坐。东晋大画家顾恺之所绘制的《女史箴图》，是一幅非常著名的画作。唐代和宋代的画家还据之作了摹本。可惜原作后来失传了，只剩下摹本。其中唐代摹本现在收藏于大英博物馆，而宋代摹本收藏于故宫博物院。从这幅画可以看出晋代的女子都是跪坐在地的。（图 8.3 ）

南京博物院收藏了一幅南朝时期的模印砖画《竹林七贤与荣启期》，主要

图 8.3 女史箴图（局部）

图 8.4 《竹林七贤与荣启期》模印砖画

描绘的是东晋时期七位名士，他们是嵇康、阮籍、山涛、王戎、向秀、刘伶和阮咸。这七位绝大多数采取的箕踞的坐法。（图 8.4）

那么，中国人是何时才坐到座椅上的呢？

古代中国人由跪坐到垂腿而坐，与胡床的传入有很大的关系。胡床于东汉后期从西域传入我国中原地区，在灵帝时期于达官贵人之间已经非常盛行，史载汉灵帝“好胡服、胡帐、胡床、胡坐……京都贵戚皆竞为之”（《续汉书·五行志》一）。曹操西征马超之时，曹军“将过河，前对适渡，（马）超等奄至，公犹坐胡床不起”（《三国志·魏志·武帝纪》裴注引《曹瞒传》）。

进入魏晋南北朝时期，胡床在普通士人和社会底层也流行开来。南齐的刘瓛（huán）是一位深通儒学的学问家，他出门访友讲学，都让一名学生“持胡床随后”（《南齐书·刘瓛传》）。东晋时期的戴若思坐在胡床上指挥同伴进行抢劫活动（《晋书·戴若思传》）。北魏末年，尔朱氏遭到镇压，尔朱敞逃跑出来，来到一处村落，见到一位长孙氏的老妇正坐在胡床上，尔朱敞多番拜求。长孙氏同情他，将其藏到了复壁中（《隋书·尔朱敞传》）。

胡床的形制，“以木交午为足，足前后皆施横木，平其底，使错之地而安。足之上端，其前后亦施横木而平其上，横木列窍以穿绳条，使之可坐。足交午处复为圆穿，贯之以铁，敛之可挟，放之可坐”（《资治通鉴·唐纪》穆宗长庆二年

图 8.5　商人遇盗图

胡三省注）。可以看出，胡床可以折叠携带，类似今天的马扎。

胡床的坐法，是臀部坐在上面，小腿垂直，脚踏地。南朝萧梁末年，侯景篡位后，在宫殿之上设置胡床，“著靴垂脚坐”（《太平御览》·服用部八·胡床）。从中可以看出胡床的坐法。另外，敦煌莫高窟第 420 窟有一幅《商人遇盗》的壁画，时代为隋朝。画中描绘了一个身穿甲胄，手按长刀的武士，正坐在胡床上。他的坐法也是垂小腿而两脚着地。（图 8.5）

胡床虽然坐着舒适又便于携带，但毕竟是一种很不正式的坐具。应该是受到胡床原理的启发，魏晋南北朝时期的人们逐渐发明了一种类似的专门坐具，这就是小床。据记载，东晋中叶的陶淡常独坐小床，“不与人共”（《太平御览》·服用部八·床》）。十六国后赵的石虎就在后宫中设置“小形玉床”，以供休息。敦煌莫高窟壁画中有很多是十六国至隋朝时期的，其中多幅壁画描绘了束腰圆凳、方凳，也就是小床类的坐具。

在胡床、小床的影响下，唐五代的时候出现了很多垂脚高坐的家具。唐代著名宦官高力士的兄弟高元珪的墓葬中有很多壁画，其中北壁壁画绘了一名男子正垂脚坐在椅子上（贺梓诚《唐墓壁画》以及附录椅子图片，《文物》1959 年第 8 期）。五代时期著名的《韩熙载夜宴图》中所描绘的椅子形制，都有靠背，基本等同于今天座椅的样式了。

图 8.6　韩熙载夜宴图

知识链接 8.2

《韩熙载夜宴图》：五代南唐著名画家顾闳中所作。它以连环长卷的方式描摹了南唐巨宦韩熙载家开宴行乐的场景。分为五段：悉听琵琶、击鼓观舞、更衣暂歇、清吹合奏、曲终人散。韩熙载为避免南唐后主李煜的猜疑，以声色为韬晦之所，每夜宴宏开，与宾客纵情嬉游。此图绘写的就是一次韩府夜宴的全过程。这幅长卷线条准确流畅，工细灵动，充满表现力。设色工丽雅致，且富于层次感，神韵独出。（图 8.6）

随着胡床、小床和垂脚高坐家具的流行，再加上魏晋南北朝时期民族交融和战争繁乱对人们思想观念的冲击（朱大渭：《中古汉人由跪坐到垂脚高坐》，载《六朝史论》，北京，中华书局，1998 年），人们逐渐由跪坐演化为垂脚高坐。

二、中国古代的异族婚姻

中国古代，在今天的中国境内生活着很多不同族群。人们用华夏族与蛮、夷、戎、狄来区分他们。通常认为，华夏族生活于中心地带，而蛮夷戎狄活动

于周边，如《礼记·王制》所言“中国夷狄五方之民，皆有性也，不可推移。东方曰夷，……；南方曰蛮，……；西方曰戎，……；北方曰狄，……”。

实际上，这个时期的华夏族人群在不断地扩展，在商代，主要指商国及它周围的一些方国；到了周代，则包括周初分封的诸侯国以及后来发展起来的一些重要诸侯国。在后来的朝代，也在不断地变化。而蛮夷戎狄也并不严格按照方位来区分，人们有时会以“蛮夷”或“戎狄”来指代所有同类民族。

异族婚姻就是华夏族与蛮、夷、戎、狄之间的通婚。

商朝的君王曾与异族女子通婚。商朝的开国君主成汤通过与戎狄的有莘氏通婚，取得了“有莘氏媵臣”（《史记·殷本纪》）伊尹的辅佐，从而实现了灭夏的大业。实际上，早在商族始祖契的时候，就已经与戎狄女子通婚。根据《史记·殷本纪》，“殷契，母曰简狄，有娀氏之女，为帝喾次妃”。娀族就是戎族（晁福林：《夏商西周的社会变迁》，北京，北京师范大学出版社，1996年，第62页）。简狄和帝喾之间的婚姻无疑是异族婚姻。

末代商王纣屡次与外族女子婚配。商纣曾以“西伯昌、九侯、鄂侯”担任商朝的三个重要官职，九侯就是鬼侯，为蛮狄之人。鬼侯为了讨好商纣，将自己的女儿进献给他，然而这位女士“不喜淫”（《史记·殷本纪》），纣非常生气，就把她杀害了，还将鬼侯剁成肉酱。鬼侯的女儿虽然被害，但她是被鬼侯嫁给商纣的。汉晋时期的学者皇甫谧在其著作《帝王世纪》中也记载了此事，内容为“纣以鬼侯为三公。鬼侯有女美，而进之于纣”，与《史记》相同。

商朝末年，周族的首领姬昌（即西伯，也就是后来的周文王），遵祖宗之法，“笃仁，敬老，慈少，礼下贤者”，各方贤能之士都前往投靠。看到这点，商朝另外一位方国首领崇侯虎甚是紧张，担心周族强大后会危及到自己族群的利益，就对商纣说姬昌将不利于商朝的统治。商纣果然听信谗言，把西伯囚禁了起来，关押在羑里。周族人十分担忧，千方百计营救，大臣闳夭多方搜求美女奇珍，终于得到“有莘氏美女，骊戎之文马，有熊九驷，他奇怪物”（《史记·周本纪》），通过商朝宠臣费仲进献给商王。商纣看到后非常高兴，就把西伯释放了。可以想见，周族进献的有莘氏美女，应与商纣结成了婚姻。

商王之子也与异族女子通婚。商王武丁时期有这样一条甲骨卜辞，收录于《甲骨文合集》第3410片，内容为：“己亥卜，[王]：子白羌毓，不[其]白”。子白羌指商王之子宠幸的白皮肤羌族女子；毓是生育。这条卜辞是占问商王之子宠幸的白皮肤羌族女子将要生育，所生之子的皮肤是否为白色（裘锡圭：《从殷墟甲骨卜辞中看殷人对白马的重视》，载《殷墟博物苑苑刊》创刊号，北京，中国社会科学出版社，1989年，第70—72页）。从此条卜辞可以看出，这位商代王子娶了一位羌族女子。（图8.7）

知识链接8.3

羌族：中国西部的一个古老的民族，自称“日麦”、“尔玛”，被称为“云朵上的民族”。主要聚居地在四川、贵州、陕西等地。今天的羌族正是古代羌支中保留羌族族称以及部分传统文化的一支，与汉族、藏族、彝族、纳西族、白族、哈尼族、傈僳族、普米族、景颇族、拉祜族、基诺族等为兄弟民族。关于羌族的研究，可参王明珂：《羌在汉藏之间》，北京，中华书局，2008年。

在商代，人们常常用战俘为商王或贵族殉葬，他们的尸骨就保留在后者的墓葬中。现代学者通过先进技术对这些人骨进行测定能确定他们的人种。商代晚期都城殷墟的西北冈祭祀坑中出土了398具头骨，经过中外人类学家的研究，这些人骨中有多具是黄白混血人种（杨希枚：《河南安阳殷墟墓葬中人体骨骼的整理与研究》，《“中央研究院”历史语言研究所集刊》卷42，1970年。Coon C. S. The story of man: from the first human to primitive culture and beyond. N.Y.: Alfred A. Knopf, 1954）。现代的人类学将全球的人种分为四类：蒙古人种、欧罗巴人种、尼格罗人种和澳大利亚人种。一般来说，黄种人属于蒙古人种；欧美的白种人属于欧罗巴人种；黑人属于尼格罗人种；棕色人属于澳大利亚人种。很显然，殷墟这些黄白混血人的父母是异族通婚，而且还是跨越蒙古人种与欧罗巴人种的通婚。

在西周君王和他们的祖先中，有多人与夷狄女子结婚。根据《诗经·鲁颂·閟宫》，周族始祖后稷是姜嫄所生。而“西羌之本，……姜姓之别也”（《后汉书·西羌传》），所以姜嫄是羌族女子。另外，周人祖先古公亶父娶的太姜、太王娶的周姜、周武王娶的邑姜也都是羌族女子。实际上，周族在“不窋末年，夏后氏政衰，去稷不务，不窋以失其官而奔戎狄之间”（《史记·周本纪》），即在不窋的带领下，来到与戎狄毗邻的地方居住生活；以后过了 11 世，直至古公亶父时期，周人才在他的带领下迁到岐山之下，这期间，周族一直生活在戎狄之间。此时，定有不少周人与戎狄之人通婚。

西周时期的申国，姜姓，在典籍中屡次被称为“申戎”（古本《竹书纪年》、《后汉书·西羌传》）、“姜氏之戎”（《国语·周语》）。宋代历史学家郑樵在《通志·氏族略二》中也将其列在“夷狄之国”条。西周末年，周幽王新娶了褒姒，甚是宠爱，并生子伯服；幽王立他为太子，还驱逐王后申后所生的太子宜臼。宜臼逃亡到母亲的娘家申国，周幽王向申国索要，申国联合鄫国、西戎攻打周国，并杀周幽王于戏地（《国语·晋语一》）。这里周幽王的王后——申后就娶自戎狄的申国。

一些西周诸侯还将女亲属嫁给戎族。公元前 777 年，秦襄公“以女弟缪嬴为丰王妻”（《史记·秦本纪》）。关于丰王，清代学者梁玉绳《史记志疑》解释道“丰王疑是戎王之号，荐居岐丰，因称。丰王与亳王一例，非幽王也。上下文周厉王、周宣王、周幽王、周平王，皆连周字，知此必非幽王。秦襄以女弟妻戎王，即郑武公妻胡之计耳”。可以知道这里的丰王为戎族的君王。所以，秦襄公将自己的妹妹嫁给了戎族的君王。

春秋时期的周襄王的夫人是一位狄族女子。周襄王十三年，郑国攻打出尔反尔的滑国。周襄王派游孙伯到郑国为滑国求情，郑襄却把他抓了起来。周襄

图 8.7　甲骨卜辞

王很生气，于是计划引狄国的军队攻打郑国。周襄王十七年，周王正式以狄国的军队进攻郑国，周襄王以为狄国国君有功德，于是准备立自己的妻子、狄君女儿为王后。周朝的大臣富辰劝诫周王不可，但周襄王最终还是将狄国女子立为王后（《国语·周语中》）。这里周襄王娶的妻子就是狄族女子，他甚至将这个女子立为王后。

春秋时期的徐国是东夷的一个重要支系，疆域主要在淮河流域，曾经为东夷集团中最强大的国家，并在徐偃王嬴诞时称雄一方，然而后来国势日衰。齐桓公的诸多夫人中有一位“徐嬴”（《左传·僖公十七年》），就是东夷徐国的女子。郯（tán）国也是东夷的一个重要支系，《左传·宣公十六年》提及“郯伯姬来归，出也”，郯伯姬是嫁于郯国国君的鲁国女子。此为东夷郯国与鲁国通婚证据。

春秋时期的须句为封姓国，属于东夷族。公元639年，邾国灭须句而并其地，须句君逃亡到鲁国，请求鲁僖公助其复国（《左传·僖公二十一年》）。第二年，鲁军出师伐邾，夺取须句，并护送须句君回国复位。鲁僖公之所以这么做，正是因为他的母亲成风是来自须句国的女子。鲁庄公与成风的婚姻属于异族婚姻。

莒（jǔ）国在夏代就已经存在，经过商代，在周初被武王分封于莒地，战国初年为楚国所灭，在中国历史上存在了1600多年。虽然这样，它却由东夷少昊部落的后裔所建立。春秋时期，鲁国贵族公孙敖的两位妻子戴己和声己姐妹都来自莒国，后来，公孙敖又为堂弟襄仲向莒国求婚，他看到新娘美丽动人就自己娶了她（《左传·文公七年》）。鲁国另一位贵族公孙婴齐的妻子也来自莒国（《左传·成公八年》）。这几段婚姻都是异族婚姻。

郑武公的妻子娶自戎狄的申国（《左传·隐公元年》）。他还将女儿嫁给胡族君王。《韩非子·说难》描述道，“昔者郑武公欲伐胡，故先以其女妻胡君以娱其意。因问于群臣：‘吾欲用兵，谁可伐者？’大夫关其思对曰：‘胡可伐。’武公怒而戮之，曰：‘胡，兄弟之国也。子言伐之，何也？’胡君闻之，以郑为亲己，遂不备郑。郑人袭胡，取之。”胡，归姓，地处豫州偃城县界（陈奇猷：《韩非子新校注》，上海，上海古籍出版社，2000年，第267页），属于戎夷蛮狄。郑武公为了攻打胡，先把自己女儿嫁给胡君以迷惑他。

春秋时期，秦穆公锐意进取，迫切想东进中原，却受到强邻晋国的阻击，不得已转向后方戎狄发展。然而，此时的戎国有贤能之士由余辅佐，实力雄厚。秦穆公听从大臣内史廖的建议，“以女乐二八遗戎王”，戎王果然整日沉湎于女乐，荒废了政事（《史记·秦本纪》）。这些擅长音乐的女子中应当有人成了戎王淫欲的牺牲品，最终成为他的姬妾。

春秋时期的晋国为异族环绕，“戎狄之民实环之”（《左传·定公四年》）。当时“晋四面皆狄，……赤狄在其北，即潞氏也；陆浑在其南，秦晋之所迁于伊川者也；鲜虞在其东，所谓中山不服者也；白狄在其西，尝与秦伐晋孝也”（［清］高士奇：《左传纪事本末·晋并戎狄》）。正是因为这种独特的地理环境，晋国国君、贵族与戎狄通婚尤多。

晋献公六位夫人中有四个皆为戎狄女子。关于晋献公的妻子，《左传·庄公二十八年》记载“晋献公娶于贾，无子。烝于齐姜，生秦穆夫人及大子申生。又娶二女于戎，大戎狐姬生重耳，小戎生夷吾”；《史记·晋世家》又载“（晋献公）五年，伐骊戎，得骊姬、骊姬弟，俱爱幸之”。所以，晋献公共有六位妻子。这些女子当中，除了贾女、齐姜是华夏族女子外，二戎女、二骊女皆为戎狄女子。从中我们还可以看出，后来在历史上发挥巨大作用的晋文公是戎族女子所生。

晋文公重耳在及位之前曾长期在外流浪。他曾逃奔到母亲的娘家狄国，当时“狄人伐廧咎如（杜预注：廧咎如，赤狄之别种也），获其二女：叔隗、季隗。纳诸公子（即重耳）。公子取季隗，生伯儵、叔刘”（《左传·僖公二十三年》），所以在这期间，晋文公娶了一位狄族女子季隗，还生了二子。

知识链接 8.4

晋文公（公元前 671 或公元前 697—公元前 628）：姬姓，名重耳，是中国春秋时期晋国的第二十二任君主，公元前 636 年—公元前 628 年在位，晋献公之子。骊姬之乱时被迫流亡在外十九年，公元前 636 年春在秦穆公的支持下回晋杀晋怀公而立。在位期间任用狐偃、先轸、赵衰、贾佗、魏犨等人实行通商宽农、明贤良、赏功劳等政策，作三军六卿，使晋国国力大增。对外联合秦国和齐国伐曹攻卫、救宋服郑，平定周室子带之乱，受到周天子赏赐。公元前 632 年于城濮大败楚军，并召集齐、宋等国于践土会盟，成为春秋五霸中第二位霸主，与齐桓公并称“齐桓晋文”，开创了晋国长达百年的霸业。

晋国的贵族也经常与异族女子结婚。上文中，狄族所俘获的叔隗就嫁给了随从重耳一起流浪的晋国贵族赵衰，后来生下赵盾。另外，晋国贵族赵简子娶狄女，生赵襄子；赵襄子娶崆峒氏（西戎女），生五子。（《史记·赵世家》）

晋国的女子也有嫁于狄族的。晋景公之姊嫁给了赤狄之别种的潞国国君婴儿为夫人。（《左传·宣公十五年》）而根据《史记·赵世家》，赵简子女、赵襄子姊嫁于北狄代国国君，这位女士甚是刚烈，她在弟弟赵襄子攻灭代国后毅然自杀。

春秋时期的晋厉公曾使大臣吕相与秦国断绝关系，说道："白狄及君同州，君之仇雠，而我之婚姻也"。（《左传·成公十三年》）这句话也反映了晋国的贵族与白狄上层保持了不小规模的通婚关系。

战国时期异族通婚情况仍然存在。义渠是西戎的一支，在战国时期建立了国家。义渠君曾到魏国，他听从公孙衍的建议，与齐、宋、韩、魏、赵一起攻打秦国。在这种情况下，秦国大臣陈轸向秦惠王建议到"义渠君者，蛮夷之贤君，王不如赂之以抚其心"，秦惠王听从建议，遂"以文绣千匹，好女百人，遗义渠君"。（《战国策·秦策二》）这百名女子中应有不少都成了义渠君的妻妾。战国时期的秦国还世代与蛮夷的巴国通婚，"秦惠王并巴中，以巴氏为蛮夷君长，世尚秦女"。（《后汉书·南蛮西南夷列传》）

战国时期还有一些特别的族际婚配现象。秦昭王时期义渠臣服于秦国，当时义渠王来秦国朝见，"与（秦）昭王母宣太后通，生二子"（《后汉书·西羌传》）。这里义渠王与宣太后虽然算不上婚姻，而且后来义渠王还被宣太后诱杀，但从"生二子"来看也达到了婚媾生子的客观效果。

一般来说，同一人种的人可能不同族，不同人种定当不同族。内蒙古的中南部在先秦时期生活着很多不同的族群。考古发现的墓葬和人骨为我们了解这些族群提供了宝贵的材料。根据专家的研究，内蒙古地区的青铜文化可以分为四期，分别相当于夏至早商、晚商至周初、西周晚期至春秋中期、春秋晚期至战国。从考古发现的人骨材料来看，这个地区居民在前三个阶段主要是"古华北类型"和"古中原类型"。但是到了春秋晚期至战国时期的第四阶段，当地出现了从蒙古高原南下的"古蒙古高原类型"居民。在有的墓地中还出现了不同人群混杂的现象（张全超、朱泓：《先秦时期内蒙古中南部地区居民的迁徙与融合》，载《中央民族大学学报》，2010 年第 3 期）。可见，当时这个地区有三个人种的居民杂居在一起。这三种人群所在的族群在杂居的过程中，定有通婚情况。

在今天的甘肃地区发现了很多两周时期的人物形象，他们深目、高鼻、眉毛较粗，具有欧罗巴人种的特征。如灵台白草坡西周墓葬中出土了一件人头形钩戟，高 25.5 厘米，宽 23 厘米；直内，人头形銎（qiōng）；人物呈现深目高鼻特征，下颌有须，眉毛较粗（图 8.8）。又如张家川回族自治县马家塬战国墓地 3 号墓出土了一件人形铅俑：高 7.3 厘米，臂长 5.8 厘米，厚 1.4 厘米；呈行走状，戴尖顶帽，帽尖向前弯曲，两侧有护耳，穿交领上衣，左衽，腰系带，脚穿长靴（图 8.9）。张家川马家塬战国墓地还出土了 8 件金人面饰：圆眼，嘴、鼻和眼凸起，眉毛下弯，胡须上翘，戴尖顶帽（图 8.10）。这样的形象还有不少（王辉：《甘肃发现的两周时期的"胡人"形象》，载《考古与文物》2013 年第 6 期）。关于这些欧罗巴人种特征的人形文物的来源，一方面应是从外国流入的，另一

图 8.8　白草坡人头形青铜戟銎

图 8.9　马家塬 M3 人形铅俑

图 8.10　马家塬 M6 金人面饰

方面应是很多欧罗巴人在两周时期进入甘肃地区，当地的人们根据他们形象铸造而成。这些人在这个地区生活应当会与当地居民婚配。

商周时期的异族婚姻有着非常重要的意义，一方面它促进了民族的融合，为华夏族的发展和内涵丰富做出了积极的贡献；另一方面，异族通婚诞生了很多卓越的个体，如契、后稷、晋文公、赵盾、赵襄子等，他们的进取精神和开拓能力极大地推动了历史的前进（高兵：《周代婚姻制度研究》，吉林大学博士学位论文，2004 年，指导教师陈恩林教授，第 79 页）；第三，为后来历史时期和亲政策的提出和执行提供了切实的历史借鉴。

三、中国古代“寒士”向上流动的途径

古代中国是等级社会，不同社会地位的人员和人员组成的群体，构成了高低不等的社会阶层。不同社会阶层的人员之间有着较大的差别，然而，各个社会阶层之间并非一成不变。社会前进客观需要一些有活力的、有才华的、低社会阶层的人进入高层；同时，社会发展也必须淘汰一些缺乏竞争力、高社会阶层的人到低层。另一方面，生活于低阶层的人群有强烈的愿望进入上层，特别是那些有能力和有才华的个体。这些因素的综合作用使得社会的阶层流动成为可能。

阶层流动是社会活力的源泉，也是不同朝代的中国社会持续发展的动力。

根据史书的记载，西周时期的不同人群大致可归为这些社会阶层：天子、诸侯、卿、大夫、士、庶人、工、商、皂、舆、牧、圉、隶、僚、仆、台等（《左传·桓公二年》、《左传·襄公十四年》和《左传·昭公七年》）。后面几种今天看来很难理解的名词，分别有着具体的人群指向，皂是有编制的卫士；舆是没有编制的卫士；牧是养牛的人；圉是养马的人；隶是罪犯；僚是服苦差的罪犯；仆是因犯罪而被收为奴隶的罪犯；台是已经收为奴隶的、逃跑后又被抓捕回来的罪犯。（见［清］俞正燮《癸巳类稿·仆臣台义》）在这些高低不等的社会阶层中，天子、诸侯、卿、大夫和一部分士属于贵族；一部分士、庶人、工、商、皂、舆、隶、僚、仆、台以及更下的社会阶层属于我们所说的“寒士”。

一般认为，西周社会是贵族社会，表现在社会权力和重要的社会资源都掌握在贵族手里；而贵族的后代通过世卿制能顺利继承父祖的职位，世代占有权力和资源。

那么，西周时期的“寒士”们就没有向上流动的机会吗？答案是否定的。西周社会的建设和发展需要大量的人才。周族的首领在正式建立周王朝之前就意识到了人才的重要性，“思皇多士……维周之祯。济济多士，文王以宁”（《诗经·大雅·文王》），贤能之士是周族的骨干，正是依靠他们，才使文王治下的人民得到安宁。周代的统治者希望自身能“克敬德，明我俊民，在让后人于丕时”（《尚书·君奭》），即敬修文德，重用人才，并使之成为传统留给后人。社会需要大量的人才，而周族本身并没有那么多适合人选，这种矛盾使得周王朝不得不任用很多殷商王朝的旧臣，如“持其祭、乐器奔周”的殷商王朝的大师和少师（《史记·殷本纪》）、作册度（王进锋：《金文所见商周时期的臣辰史官世家》，载《考古》，2013年第11期）等，都被周王朝任命了官职。如此多的人才需求量，也为一部分“寒士”向上流动进入上层提供了可能。

西周时期的“寒士”通过哪些方式实现向上流动？根据相关的文献记载，

有这样一些途径：

第一，通过政府组织的层级选拔。西周时期应该在地方设置了“乡大夫”职官，他们的一项重要职责就是将自己治理区域里的人民每三年考核一次，“考其德行、道艺，而兴贤者、能者”（《周礼·地官·乡大夫》），乡大夫根据这些人的德行和技艺，向上级举荐有贤德和才能的人。

不仅如此，西周政府还建立了层级型的选荐机制，可以使有才华的人一步步向上升迁，如《礼记·王制》所言“命乡论秀士，升之司徒，曰选士。司徒选士之秀者而升之学，曰俊士。升于司徒者不征于乡，升于学者不征于司徒，曰造士。……大乐正论造士之秀者，以告于王，而升诸司马，曰进士。司马辨论官材，论进士之贤者，以告于王，而定其论。论定然后官之，任官然后爵之，位定然后禄之”，命令乡官考论杰出的人才推举给司徒，称为“选士”；司徒又考论选士之中特别优秀的推荐到国学，称为“俊士”；选士可免除乡里的服役征召，俊士可免除国中的服役征召，在国学中学习的人又称为“造士”；大乐正考论那些从国学中毕业的学生，将其中特别优秀的推荐给司马，称为“进士”；司马再考论进士的工作能力，将他们的专长报告给周王，作最后的任命决定；决定职务之后任命工作，胜任工作后，确定官秩，官秩确定后，再发放俸禄。

第二，通过他人的推荐。西周时期的贵族家里往往有家臣，来协助他们处理家庭内的事务和治所内的事务（杨宽：《西周史》，上海，上海人民出版社，2003年，第446—450页）。这些家臣有的由贵族的亲密亲属担任，有的由疏远的亲属或非亲属担任（姚晓娟：《周代家臣制度研究》，北京，中国社会科学出版社，2013年）。这些人员的地位似乎不是很高。可是，这些家臣只要努力，还是有很好前程的。一些表现突出的人可以通过所侍奉贵族的推荐，进入更高层次的机构任职。献簋铭文是我们认识这种升迁路径的依据。

簋是古人制作来盛放黍、稷等食物的器皿，后来也被广泛用来作为祭祀和丧葬中的礼器。簋分为陶簋和青铜簋两类，献簋属于后者。商周时期的青铜器制作者们喜欢在器物上铸刻铭文，来记录作器的原因，献簋上面就有这样的铭文。这些铭文是传世的史书之外我们认识那个时期历史的重要材料。

献簋是名叫献的人制作的，时代处于西周早期。它的铭文收录在专门发布殷商、两周时期青铜铭文的大型书籍《殷周金文集成》中，排号第4205，内容为：

唯九月既望庚寅。楷伯于遘王，休亡尤。朕辟天子、楷伯令（令，就是命，命有“予”的含义。见唐兰：《西周青铜器铭文分代史徵》，北京，中华书局，1986年，第234—235页）厥臣献金、车。对朕辟休，作朕文考光父乙。十世不忘献身在毕公家。受天子休。（图8.11）

图 8.11　献簋铭文

“楷”是国名，楷伯即楷国国君。将献簋铭文翻译成现代汉语，内容为：在九月既望庚寅这天，楷国国君前往觐见周王，表现很好，没有过失。我的君长周天子和楷君给予楷伯的臣属献以青铜和车辆。献感谢君长的赐予；作这件簋在乙日来祭祀我已经过世的父亲光。献十世都不会忘记曾经在毕公家任职。接受天子的赏赐。这里的毕公就是西周时期的贵族毕公高（陈梦家：《西周铜器断代》，北京，中华书局，2004 年，第 53—54 页）。

可以看出，献曾经在毕公高家服务，后来成为楷国国君的臣子；在这篇铭文中，因为辅助楷君觐见周王有功，而受到周王和楷君的同时赐予。所以，献是从贵族毕公高家来到楷国任职的，他之所以“十世不忘身在毕公家”，可能正是因为最初是由毕公将他举荐给楷君的。

《礼记·射义》中也说道“古者天子之制，诸侯岁献贡士于天子，天子试之于射宫”，可见诸侯每年都向周天子推荐贡士，周天子让其在射宫中任职，来观察他们，再决定进一步的任用。

以上的献和贡士可能是贵族，也可能是一般的“寒士”。但他们的升迁方式为优秀的“寒士”提供了努力的方向。

第三，通过建立战功。根据李峰先生的研究，西周政府中的很多官员有担任军事职务的经历（李峰：《西周的政体：中国早期的官僚制度和国家》，生活·读书·新知三联书店，2010 年，第 228 页）。这其实是周王朝官员的一个重要来源。周代“寒士”进入军队，在军队里升迁并不困难。由军队进入政府的路径其实为他们的向上流动提供了另一种选择。

第四，直接向周王推荐自己。商末周初的太公望吕尚是功臣显贵的后代，然而到了他的时候，已经沦落为一个普通的平民。为了维持生计，他不得不“屠牛于朝歌，卖饮于孟津”（《史记·齐太公世家》“索隐”引谯周的话）、“负贩于朝歌”（《盐铁论·颂贤》）。实际上，吕尚很有才华，不甘心平庸一辈子，于是他精心准备并谋划了一次与当时周族首领西伯姬昌（也即周文王）的会面，还采取了一种独特的方式来推荐自己。据《史记·齐太公世家》记载，“吕尚盖尝穷困，年老矣，以渔钓奸周西伯。……于是周西伯猎，果遇太公于渭之阳，与语大说，……载与俱归，立为师”。吕尚通过钓鱼的方式向西伯游说，可能为周族的发展壮大提出了很好的策略，西伯非常高兴，将其带回，并任命其担任重要职位“师”。

第五，通过与贵族的联姻。“寒士”不仅包括男性，而且还有女性。西周末年的褒姒，据史书记载，为周厉王、周宣王时期王宫里的年轻侍女所生。这位宫女因为没有丈夫而莫名生育了她，甚是害怕，所以褒姒出生后不久就被遗弃了。当时，社会上流传着一种童谣，说“檿弧箕服，实亡周国”，即檿弧、箕服（即桑树制作的弓箭和箕草编织的箭囊）会灭亡周朝。周宣王信以为真。有一对夫妇出售“檿弧、箕服之器”，周宣王就派人来抓捕他们，并准备将其杀害。他们只得外逃，在逃亡中碰巧听到了这个遗弃女婴的哭声，就收养了她，并带着婴孩一起逃亡到了褒国。（《列女传·孽嬖传》）虽然关于褒姒的来历在古书中有很多神怪类的记载，但是从这段应该是真实的记载来看，褒姒为普通宫女所生，婴孩阶段就被一对商贩夫妇抚养长大，她就是一名普通的“寒士”。褒姒长大后，美貌绝伦，艳丽无比。此时，褒国的君主褒姁被周王朝囚禁了起来，褒人把褒姒献给周幽王以期赎回褒姁。周幽王得到褒姒后，异常喜爱，果然释放了褒姁。（《国语·郑语》）周幽王日益沉迷于与褒姒的缠绵爱情之中，后来甚至废掉原来的王后申国国君之女，立褒姒为王后。（《史记·周本纪》）可见，褒姒通过婚姻实现了自身的向上流动，成为“一人之下，万人之上”的显贵之人。

需要强调的是，西周时期能实现向上流动的“寒士”只是一小部分；而且，“寒士”必须通过自身的顽强奋斗、靠着自己卓越才华方能实现向上流动的目标。还有，“寒士”们向上流动的最终高度则取决于他们才华的出众与否和能否把握住机遇。

第九章　世界博物馆与历史教育

孟钟捷

一、世界范围内的博物馆功能转向

英语“博物馆”（museum）一词的希腊文词源是“Μουσεῖον”（mouseion）。它指的是古希腊神话中文艺女神缪斯（Muse）的神庙。据传，缪斯女神共有九位，她们分别司管英雄史诗、历史、抒情诗与音乐、合唱与舞蹈、爱情诗与独唱、悲剧与哀歌、喜剧与牧歌、颂歌与修辞学及几何学、天文学与占星学。（图9.1）

公元前3世纪，统治埃及的托勒密一世（Ptolemy I Soter，公元前323—公元前283在位）在亚历山大港（Alexandria）建起了一个收藏亚历山大大帝（Alexander the Great，公元前336—公元前323在位）征伐战利品的地方，以拉丁文取名为“缪斯神庙”（Musaeum）。这被公认为世界博物馆的最早源头。

在随后两千多年的发展中，博物馆至少拥有过三次截然不同的“功能定位”。（Julian Spalding, “Museums”, in: Maryanna Horowitz etc. (ed.), New Dictionary of the History of Ideas, New York, etc.: Thomson Gale, 2005, pp.1520-1524）

在最早的“缪斯神庙”中，上千名学者受到政府资助，免费在馆内看书、研究、讨论和著述。正是在这里，今天大家熟知的荷马（Homer）、赫昔底德（Hesiod）等伟大诗人的作品首次得到编辑和整理。当时的博物馆类似后来的研究所，仅对专业人员开放，旨在研究已知或未知的世界。

大航海时代启动后，博物馆更多以“奇迹室”（cabinet of curiosities）或“艺术室”（kunstkammer）的形式出现在贵族宫廷中。来自探险家的各种带着异域色彩的发现，如印度大陆的木制武器、中国的瓷器、美洲的化石，乃至各种猛兽标本，陆陆续续地被欧洲贵族们的收藏。萨克森王国的韦廷家族（Wettiner）耗费数代人的精力和资产，以巴洛克风格建造了9间富丽堂皇的

图 9.1 九缪斯石棺

“绿穹博物馆”（Grünes Gewölbe）。这座位于德累斯顿（Dresden）茨温格宫（Zwinger）内的王家艺术室收藏着当时甚至今日欧洲最奢华、最精美的展品，如来自中国康熙时代的瓷器、最早的世界时标准钟、拉斐尔（Raphael，1483—1520）的名画《西斯廷圣母》（Sixtinische Madonna）、带着明显印度风格的“在莫卧尔王生日上的朝臣”（Hofstaat zu Delhi am Geburtstag des Großmoguls Aureng-Zeb）等。此类博物馆仅供贵族把玩与炫耀之用，正好服务于当时欧洲王权加强所需，充当着权力展示的舞台。（孟钟捷：《绿穹顶下》，载陈燮君主编《城市的足迹》，北京，北京大学出版社，2013 年，第 314—323 页。）（图 9.2）

知识链接 9.1

大航海时代：从 15 世纪到 17 世纪时期。该时期内，欧洲的船队出现在世界各处的海洋上，寻找着新的贸易路线和贸易伙伴，以发展欧洲新生的资本主义。在这些远洋探索中，欧洲人发现了许多当时在欧洲不为人知的国家与地区，涌现出了许多著名的航海家，如克里斯托弗·哥伦布、瓦斯科·达伽马、佩德罗·阿尔瓦雷斯·卡布拉尔等。伴随着新航路的开辟，东西方之间的文化、贸易交流开始大量增加，殖民主义与自由贸易主义也开始出现，对世界各大洲在数百年后的发展也产生了久远的影响。

图 9.2　在莫卧尔王生日上的朝臣

博物馆向公众的开放，最早出现在 17 世纪，到 18 世纪中叶大英博物馆成立后成为一股新浪潮。据《法案全书》称，大英博物馆旨在“让所有好学而充满好奇心的人在某个时间，以某个态度，在某个规章制度下，自由参观和查阅上述收藏”。（谢小琴：《大英博物馆：一个帝国文化空间的建构（1800—1857）》，南京大学世界史硕士学位论文，2011 年。）不过，博物馆的公共化，并不简单地等同于让公众参观所有藏品。根据 2007 年第 21 届国际博物馆协会大会达成的共识，博物馆旨在“为教育、研究、欣赏的目的征集、保护、研究、传播并展出人类及人类环境的物质及非物质文化遗产”，其中教育正是博物馆的第一要务。在最近的两百多年中，博物馆作为一种教育场所，特别是公共历史教育的重要园地，事实上承担着有意识建构历史的使命。当然，由于 18 世纪至今的历史进程跌宕起伏，博物馆在公共历史教育中的角色也各有侧重，其中大致可分为三个阶段：

知识链接 9.2

大英博物馆：又名不列颠博物馆，位于英国伦敦新牛津大街北面的罗素广场，成立于 1753 年，1759 年 1 月 15 日起正式对公众开放，是世界上历史最悠久、规模最宏伟的综合性博物馆，也是世界上规模最大、最著名的四大博物馆之一。博物馆收藏了世界各地的许多文物和珍品，及很多伟大科学家的手稿，藏品之丰富、种类之繁多，为全世界博物馆所罕见。馆藏品最初来源于英王乔治二世的御医、古玩家汉斯·斯隆爵士收藏的8万余件文物和标本。1823年，英王乔治九世捐赠了他父亲的大量藏书。开馆以后的200多年间，继续收集了英国本国及埃及、巴比伦、希腊、罗马、印度、中国等古老国家的文物。

第一阶段是18世纪的启蒙时代，当时旨在传播普世视野。博物馆是所谓全球史观的最初创立媒介。一方面，正是欧洲国家的全球扩张，才有可能使这么多文明成果涌向伦敦，大英博物馆（British Museum）建立之初的埃及古物部、古代近东部、希腊罗马部大多是英国对他国加以掠夺后的产物；另一方面，来自世界各地的奇珍异宝在满足人们好知欲的同时，也提供了十分珍贵的比较视野，这为同时代启蒙思想的兴起准备了知识条件。再者，启蒙时代的各种发现，尤其是有关早期进化理论的阐述，反过来又推动着博物馆在历史叙事结构上的调整，例如在哥本哈根的北方古物博物馆（Northern Antiquities，现为丹麦国家博物馆 [National Museum of Denmark]）便在此时率先以石器时代、青铜时代和铁制时代的顺序来划分史前展品。大英博物馆的重新改造与《百科全书》在法国的出版同步，自然也不仅仅只是巧合而已。有论者指出，“启蒙”与博物馆，就这样以“人类理性”的发展为根基，相互发生了作用。（陈华丽：《博物馆的“公共性”与启蒙》，载《湖南省博物馆馆刊》，2012年3期，第587—592页。）到19世纪，这种趋势仍在延续，如1846年英国商人詹姆斯·史密森（James Smithson）便向美国政府捐资50万美元，以收藏那些“人类中间增长而令人困惑的知识”。其成果就是目前世界上最大的博物馆组织“史密森博物院”（Smithsonian Institution）。

不过，19—20世纪是民族国家的鼎盛时代，博物馆的公共历史教育功能因而转向第二阶段，即成为“身份认同制造工厂”与“民族精神提升机构”，如1857年成立的日耳曼民族博物馆（Germanisches Nationalmuseum）。该博物馆是响应德意志统一运动的产物。1848年革命前，文学家格林兄弟、史学家兰克和布克哈特在法兰克福举行了一次学术会议，会后决定创建一个“日耳曼学”，以便研究德语地区的文化史。日耳曼国家博物馆正是这种文化统一诉求的结果，其目的是保存“日耳曼文化空间”中的文化，呈现一种“展示德意志历史、文学和艺术的完整原始材料的、排列整齐的总目录”。日耳曼国家博物馆提出了“德意志民族的财富”这一口号。它除了收集反映德意志历史上重要文化作品（例如它是德国境内收藏丢勒作品最多的博物馆）和民俗物品（家具、格林兄弟的工作间）外，还自觉地担当德意志统一进程的记录者，例如它收藏了1848年革命的众多遗物，特别是菲利普·范特（Philipp Veit）的著名

图 9.3　日耳曼国家博物馆中用大教堂改建而成的展厅（孟亦搏摄）

画作《日耳曼尼亚》（Germania）、德意志联盟议会中的座椅等。它在帝国时期被视作德国艺术和文化的民族博物馆，更在不经意间为纳粹德国的种族宣传提供展品。类似的做法也曾出现在1828年的澳大利亚博物馆、1858年的埃及博物馆、1926年的中国历史博物馆等中。在很长时间里，国家博物馆的“民族性视野”都掩盖了第一阶段博物馆的“全球性视野”，致力于爱国主义教育的宗旨。（图 9.3）

最近20年可以说进入了博物馆进行公共历史教育的第三阶段。随着全球化的迅猛发展，越来越多的博物馆提出了“跨区域视角转换”和“全球化身份塑造”的口号。（Rhiannon Mason, “National Museums, Globalization, and Postnationalism: Imagining a Cosmopolitan Museology”, in: Museum Worlds: Advances in Research, V.1, N.1, 2013, pp.40-64.）一方面，民主化进程颠覆了以往宏大叙述的惯有逻辑，少数民族或边缘团体要求在历史记忆中占有更多份额；另一方面，大量移民不断改变民族构成，从而让国家博物馆习以为常的展览策略陷入危机之中。在欧洲，如何对国家/地区博物馆加以“欧洲化”，已经成为学术研究的重大课题。一些研究者尝试提出了把“欧洲认同”与“国家/地区身份”结合在一起的方法，如转换视角、与当下建立联系、推进社会包容。（[德]尤塔·舒曼、苏珊·波普：《对国家性和地区性历史博物馆“欧洲化”的反思和建议》，陈洪运、魏婷婷译，载《新史学》，第11辑，郑州，大象出版社，2013年，第56—64页。）而在更多国家博物馆看来，进一步的问题就是，国家博物馆如何实现全球化？一些博物馆学者反对所谓“超越国家（民族）博物馆”的说法，因为“全球化、民族主义、地方主义”往往是可以共建的。所以，一种“世界主义的博物馆学”（cosmopolitan museology）应该是对现存国家展品的“重访、重构与重释”，例如一家墨西哥博物馆便试图构建一种全球文化网络，以便让自己的展品获得“全球市民社会亚文化”的身份。（Cuauhtémoc Camarena, Teresa Morales, “Community Museums and Global Connections: The Union of Community Museums of Oaxaca”, in: Ivan Karp etc. (Ed.), Museum Frictions: Public Cultures / Global Transformations, Durham and London: Duke University Press, 2006, pp.322-344.）

从一开始，“克里奥”（Clio）这位主司历史的缪斯女神便与博物馆结下了不解之缘。但自她走向公众后，博物馆的重要性愈加凸显。这对博物馆的自身定位以及人们对博物馆的认识利用都提出了新要求。

二、博物馆中的历史文化

博物馆的分类有多种：如以资助来源为标准，可分为公立与私立两大类；如以内容为标准，可分为艺术、考古、历史、科学等十余类；如以覆盖面为标准，至少可分为专业和百科全书两大类。不过，作为公共历史教育的主要基地之一，任何类型的博物馆基本上都包含着历史时间、历史空间、历史个体、历史诠释与历史书写等五要素。一些博物馆则在其中一个方面动足了脑筋。

大部分博物馆看上去都是以“物理时间”来呈现展品的。这是因为历时性的演变——无论是制作工艺或是审美趋向——都能够极好展现出历史演进的节奏与脉络。不过，如若细究起来，这些“物理时间”的选择，仍然是“历史时

图 9.4 大英博物馆“100 件展品中的世界史”网站主页

间”得到挑选或被加以划分的产物，如以“近东—北非—古希腊罗马”的叙述顺序来呈现人类早期文明的发展；又如以“古代—中世纪—近代早期—近代—现代”的序列来划分中国展品的历史。它们往往都是在某种史观（如“欧洲中心主义”）的指引下做出的选择。

随着全球史观的兴起，这种时间意识越来越受到挑战，一些知名博物馆开始尝试做一些调整。（A. Grigoleit, “Europa im Museum. Zur sozialen Konstruktion transnationaler Identität”, in P.-U. Merz-Benz & G. Wagner (eds.), Kultur in Zeiten der Globalisierung. Neue Aspekte einer soziologischen Kategorie, Frankfurt am Main: Humanities online, 2005.）其中特别引人关注的是大英博物馆。在最近几年间，它全力打造一个名为“100 件展品中的世界史”（A History of the World in 100 Objects）项目。其馆长亲自撰写文稿，并通过 BBC 加以宣传。该项目的重点不在于对现有展厅格局进行根本性变动，而是借助参观指引的方式，让参观者通过发现世界范围内对人类文明演进历史产生重要作用的各类展品，来培养覆盖全球的历史意识。这是一种十分值得借鉴的简易革新。（图 9.4）

知识链接 9.3

全球史观：将人类社会的历史作为一个整体来看待的一种历史观，又称为整体史观。它从世界历史的整体发展和统一性方面考查历史，认为人类历史的发展过程是从分散向整体发展转变的过程，这一转变开始于新航路的开辟。代表作为美国历史学家斯塔夫里阿诺斯的《全球通史》。

世界上的不少博物馆建筑本身就是一种不可忽视的“历史空间”。前文提到的日耳曼民族博物馆就建立在14世纪的一家修道院中，法国的卢浮宫博物馆（Musée du Louvre）则是基于一座13世纪开始建造的皇家宫殿。在这些博物馆中，首先让参观者感到震撼的，或许不是展品本身，而是放置展品的空间。更有一些遗址型博物馆完全呈现了历史上的空间布局，如雅典卫城（Acropolis of Athens）、罗马斗兽场（Colosseo）等。参观者可以通过对比复原图，来想象空间演变的剧烈性。（图9.5）

一些博物馆则有意识地复原历史空间，让本来空洞无物的展厅“历史化”。在埃及博物馆（Egyptian Museum）的前庭中，参观者可以发现代表古代上埃及的“莲叶”和下埃及的“纸草”。这是把埃及学中的区域划分与文明共识通过空间布置的方式加以呈现。在柏林的帕加玛博物馆（Pergamonmuseum），第一展厅专门安置了帕加玛祭台。这座宽35.64米，前后进深33.4米的小亚细亚实体建筑，总会让首次进来的参观者惊叹不已，因为公元前2世纪的浮雕以如此接近、如此真实、乃至可以唾手可得的方式鲜活地出现在眼前。参观者甚至可以坐在台阶上休憩。再往里走，米利都的市场大门和巴比伦的伊什塔尔城门也以相同的方式迎接参观者。（图9.6）

所有类型的博物馆都拥有自己有意呈现的“历史个体”，它们或许是某一类历史群体，或许是某一段历史时期，或许是某一种文明成果。在呈现历史群体的博物馆中，值得关注的是那些旨在揭示宏大叙事中被遗忘群体历史的探索。被屠杀的犹太人就是美国、德国、以色列以及欧洲许多国家博物馆着重纪念的“历史个体”。巴黎同样也有一座小型的犹太大屠杀纪念馆（Mémorial de la Shoah. Musée, Centre de documentation）。该纪念馆之所以值得一提，主要是因为它颠覆了法国二战历史的主流叙事，特别揭露了法国人如何同德国纳粹合作来迫害法国犹太人的一段历史。位于德国威斯巴登（Wiesbaden）的女性博物馆（Frauenmuseum）旨在呈现女性曾被尘封的历史，其展品包括历代各式女性雕塑、女性用品、当代女权主义运动的宣传画等。

图 9.5　雅典卫城厄瑞克修姆庙遗址

图 9.6　帕加玛祭台

图 9.7　江户东京博物馆中日本街道场景模型

断代史类型的博物馆自然特别凸显自己所呈现的那段历史，将之视作历史演进中不可逾越的、并且做出巨大贡献的一段时期。江户东京博物馆（えどとうきょうはくぶつかん）主要展示江户时代以来的日本近代史，其中包括 1:1 比例建造的日本桥及各种建筑模型、生活场景等。特别令人印象深刻的是，该博物馆使用了大量对比手段，来呈现明治维新前后日本人日常生活的西化进程。（图 9.7）

系列文明成果是大多数博物馆常见的展品，如瓷器、地图、绘画等。位于慕尼黑的德意志博物馆（Deutsches Museum）则是世界上最大的科学与技术博物馆。它收藏了 9.4 万件科技展品和 85 万份相关文献。它的建立既同几百年前便已开始的“奇迹”收藏有关，又受到了 19 世纪科技发展不断推动历史发展的影响。人们在这里可以观看到各类科学发现与技术发明的历史，如天文学、化学、机械等等。2012 年，德国总统高克（Joachim Gauck）表示，德意志博物馆“是在紧盯当下与未来发展的情况下来回顾历史成就的”，其宗旨应该是为参观者、特别是学生们“展示令人激动的科学和技术”。（图 9.8）

每一个博物馆都试图对其展品的历史做出符合学术发展与人类共识的解释。当然，“历史解释”的方式可能又是多种多样、因人而异的。法国的第一次世界大战博物馆（Historial de la grande guerre）遵循的主题是反思战争带来的恶果。为此，它采取了对比策略。它精心设计了一些布展场景，如交战双方的服饰和武器在同一空间中出现，又如死于战场的那些青年诗人或画家的作品悬挂在空中，再如鲜活的参战者与死气沉沉的坟地之间的数组强烈对比照片等，以强化参观者对主题观念的认识。

纽伦堡的纳粹党代会大楼档案中心（Dokumentationszentrum Reichsparteitagsgelände）同样采用了对比策略。它建立在原址上，但有意不进行整修，通过设计图、历史场景和现实荒凉结局的对比，让参观者感受到纳粹思想的虚无性。不过，为了解释纳粹党何以在德国可以成功这样的核心问题，对比策略显然是不够的。它以大量一手档案文献或影像材料的系统呈现，来解释纳粹主义暴力统治的原因、进程及其结果。相比于一战博物馆，这里的展示更侧重于理性引导，参观者犹如阅读一篇高度理论化但又配有形象展示的学术论文。（图 9.9）

在“历史书写”中，当代大部分博物馆不再局限于用实物加讲解词的简单模式，而是集合了历史学者、博物学者、科技工作者、教育学者等多领域的专家，以文字、图片、声音、影像等各种表现载体，对某一主题形成了或聚焦式、或概览式的呈现。在日本广岛和平纪念资料馆中，参观者可以观看幸存者受访录，将之叙述同此前展厅中的各类证据加以验证。在法国一战

图 9.8　德意志博物馆中的一个展品

图 9.9　纽伦堡的纳粹党代会举行地遗址外景（孟亦博摄）

博物馆内，针对小学生的参观问卷有意识地引导孩子们去发现不同类型展品及其背后的意义。美国华盛顿的犹太大屠杀纪念馆（Holocaust Memorial Museum）则“使用了一切可以讲述故事的手段，来真实地展示这段历史”。人们在其中可以了解到犹太大屠杀的前因后果以及一切相关的证据，并得以形成感同身受的历史意识。（图 9.10）

三、公共历史教育的“博物馆化”

在历史研究中，“博物馆化”（museumification）是一个略带贬义的专有名词，指的是成为展品、失去活力、意义固定化。但这恰恰是对当代博物馆发展趋势的误解。从世界范围内的博物馆实践来看，“博物馆化”并未让历史自此凝固，使之与时间、空间乃至人类自身感知形成距离。相反，“博物馆化”意味着公共历史教育找到了一条超越学校历史教育的更为广阔的平台。这对博物馆和参观者都提出了新的要求。

博物馆需要充分认识到自己的优势与劣势，从而营造一种有利于公共历史教育的氛围，推进各种有效教育活动的开展。

其一，博物馆的优势在于其展品的丰富性、专业性、直观性和趣味性。任何一种公共历史教育场所都无法像博物馆那样，展示如此众多的历史遗迹。大英博物馆的藏品超过 1300 多万件，美国大都会艺术博物馆（Metropolitan Museum of Art）的馆藏艺术品有 200 多万件，梵蒂冈博物馆（Musei Vaticani）珍藏着 6 万卷古代手抄本、10 万卷原稿书籍以及数以万计的雕塑作品。（图 9.11）

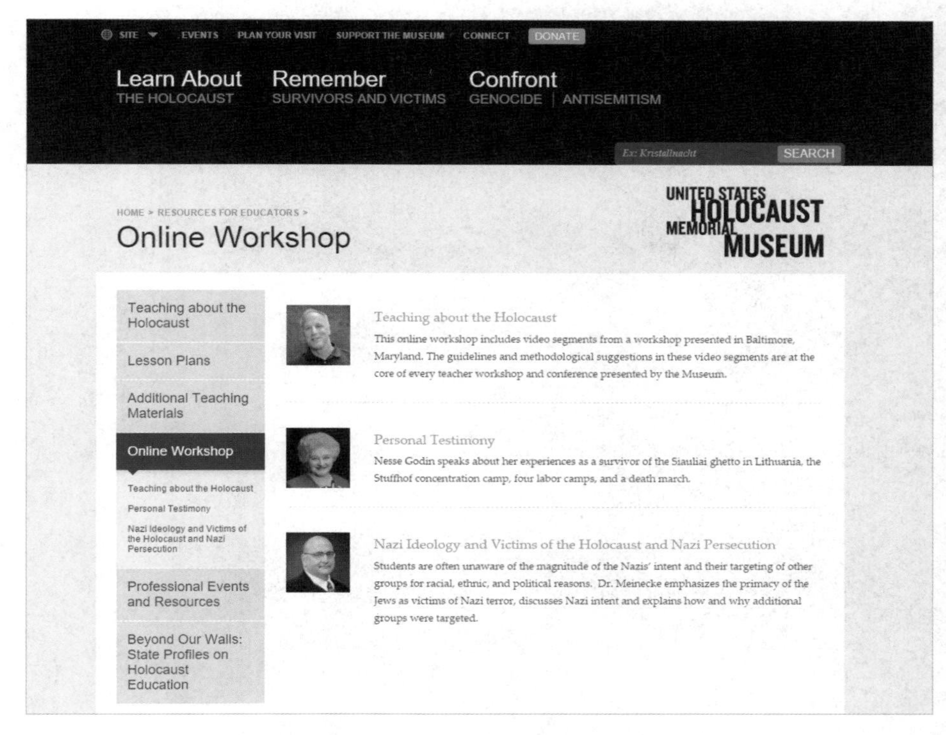

图 9.10　美国犹太大屠杀博物馆网上教育项目主页

其二，博物馆的专业素养远远超越其他公共历史教育媒介。如同最初的博物馆“缪斯神庙”那样，所有的博物馆同时都是研究者汇集之所。这使得博物馆内的历史研究几乎与学界同步，甚至在某些方面还领风气之先。在卢浮宫里，除了策展人和安全人员外，有近 500 名研究人员，并且还向国外研究者打开了大门。在大英博物馆的网页上，截止 2014 年 8 月底，由博物馆研究人员出版的专业书籍超过 80 本。2010 年，埃及博物馆内的研究人员与考古学家合作，以 CT 扫描和基因检测等方法，揭示了广受关注的图坦卡蒙法老的死因及其家族历史。（[英]尼尔·麦格雷戈：《大英博物馆世界简史》，全 3 册，余燕译，北京，新星出版社，2014 年。）

其三，博物馆的展品不同于非物质文化遗产，大多具有直观性的特点。一件首饰或一张地图，都足以留给参观者许多想象空间。当这些展品以时间顺序加以排列后，历史演进的过程往往变得不言自明。在南非种族隔离博物馆（South African Apartheid Museum）内，100 多年的种族隔离历史被划分为十几个阶段，清楚展示了黑人如何遭到隔离、又如何从默默忍受到奋起反抗的进程。参观者还可以接触到各种触目惊心的隔离用具。

图 9.11　梵蒂冈博物馆齐亚拉蒂蒙展厅（Chiaramonti）

其四，博物馆教育越来越重视面向儿童和青少年，因而比其他公共历史教育媒介更拥有趣味导向。德国巴伐利亚的各类博物馆都鼓励小参观者们根据所给黑白图片去寻找某一类藏品，并根据实物对图片进行着色。澳大利亚博物馆（Australian Museum）根据儿童年龄，设计了总计七档教育方案，例如让学龄前儿童亲手触摸小昆虫等。

博物馆的劣势往往体现在时代性和建构性两方面。从时代性而言，博物馆总是呈现业已过去的历史，如若缺少说明，它与当下和未来便失去了必要联系。从建构性来看，当博物馆着意通过展品来讲述一个特定故事时，它的真真假假、有限无限、美丑善恶便成为极具争议性的话题。

再如，有关德国国防军在东线屠杀犹太人的图片展览曾在德国引发了一场持续数年之久的公共历史争议。1995 年，汉堡社会研究所（Hamburger Institut für Sozialforschung）举行了一场题为“灭绝战争：国防军在 1941—1944 年间的犯罪行为”（Vernichtungskrieg. Verbrechen der Wehrmacht 1941 bis 1944）的历史展览。展览所用图片大多来自德国、前苏联和塞尔维亚国家档案馆中由国防军士兵所拍摄的照片，以此呈现国防军屠杀犹太人的罪证以及普通德国士兵的反犹主义精神。然而人们随后对屠犹瞬间是否得到过记录、是否应该得到呈现等问题产生了争议。特别是后一问题，连历史学家们都认为，犹太大屠杀是叙事美学的极限，不能以“深描”的方式加以表现。换言之，当屠犹这件丑事被“博物馆化”时，它将遭遇无法重现的困境。

由此，对博物馆而言，保留优势，扭转劣势，便是强化自己作为公共历史教育主要机构这一身份的必由之路。最近几年来，历史教育学界陆续提出了几点重要革新理念：

第一，转换视角。正如前文所言，从民族主义向世界主义的转向，已成为一种博物馆世界的改革潮流。针对具有民族特色的展品，博物馆也不妨寻找各种可能，将之置于某种跨区域性的故事之中。如收藏于亚琛的查理大帝半身像，虽然是德意志艺术品，但博物馆可以提示参观者，从其衣服的百合花纹饰中发现法兰西文化的烙印。再如收藏于欧洲各大博物馆中的迈森瓷器，参观者可以通过讲解词的指引，发现中国元素是如何通过欧洲人的想象而被接纳进一个西方艺术品中的。再如奥格斯堡的马克西米利安博物馆（Maximilianmuseum）中的大量中国风格瓷器（Chinoiserie），可以展示一副 16—17 世纪欧洲与中国经济和文化交流网络的生动截面。

第二，生活化。“一切历史都是当代史”，博物馆中的历史也不例外。人们之所以对历史展品感兴趣，很大程度上来自于对当下生活源头的疑惑：这一切究竟是如何产生的？对此，博物馆至少有两种生活化的策略：（1）告诉参观者，展品在当代等同于哪种物品？这一点特别适用于已经消逝的或被最新技术所替代的东西，如制作面包的老式炉子。在巴伐利亚的一家乡村博物馆中，这种炉子与一系列后来出现的面包机放置在一起，对参观者形成了强烈的视觉吸引力。（2）通过游戏的方式提示参观者（特别是学生）去发现展品与现实之间的差异性。德国奥格斯堡大学的一位硕士曾做过实验，以马克西米利安博物馆中的一副油画《冬天的佩尔拉赫广场》（Der Perlachplatz im Winter，16世纪上半叶）为对象，设计了一份面向不同年级中学生的教育方案，让他们比较油画与现实之间的差异，发现城市发展的细节。

知识链接 9.4

“一切历史都是当代史”：意大利历史学家克罗奇（1866—1952）在其专著《历史学的理论和实际》中提出的观点。该命题包含着两个理论前提：历史是思想（精神）史、思想（精神）是历史的创造者。这个命题包括以下几层意思：（1）历史认识是一种现实的思想活动；（2）现实的兴趣以及生活的需要才会引起对过去的历史的探索和研究；（3）对过去的历史的思考和理解总是受到现实的兴趣和价值观念的影响。正是现实的需要呼唤着过去的历史，过去的历史才得以复活并获得它的当代性；那些不能引起人们现实的兴趣的历史则是不具有当代性的。一旦生活的发展需要这种历史时，死历史就会复活，过去史将会变成当代史。

第三，善于发现与重构。每一个博物馆的建设都发生在特定的历史时间内，遵循着当时的历史理念，其展品、布局、诠释无一不透露着时代烙印。随着时间流逝，特别当历史观念发生变化，大量被宏大叙述所遮蔽的群体或现象得到人们重视，而博物馆又不可能被推倒重建时，我们则需要挑选符合当代历史认知的展品，重新设置展厅；或者如前文所述大英博物馆的策略，以一种“发现之旅”的模式，引导参观者，根据最新的历史观，来寻找相应的展品。（郑奕：《博物馆教育活动研究—观众参观博物馆前、中、后三阶段教育活动的规划与实施》，复旦大学文物与博物馆学系博士论文，2012年。）

在不断革新的博物馆面前，参观者也不得不重新定位自己的身份。在当代博物馆教育中，参观者不再是一种被动的角色：首先，他们往往带着已有的知识储备，来博物馆验证、加深乃至改变自己的历史观。这是一种对话式的交流——即便这种交流可能并没有体现在口头或纸面之上，但博物馆可以通过留言簿或网站交流区等方式来获知这些信息，参观者也能够借助这些渠道来发出自己的声音。其次，他们更有可能参与博物馆历史认识的建构行动，以批判性的视角去发现博物馆在历史时间、历史空间、历史个体、历史解释以及历史书写方面的各种问题，从而有助于博物馆的进一步革新。参观者是潜在的研究者。在这一方面，博物馆可以借助论坛、征文等比赛，去发现与鼓励普通人的研究兴趣与研究潜力。最终，如同所有公共历史教育机构那样，博物馆既成为教育主体，又充当着历史观念的交流平台——这是“人人都是历史学家”的最好诠释。

作者简介

陈曾路	上海博物馆教育部主任、副研究馆员。
黄爱梅	华东师范大学历史系副教授，女，历史学博士，主要从事先秦秦汉史研究。主持 1 项国家社科项目、1 项浙江省重点社科项目，出版专著 1 部，发表 30 余篇论文，赴美国访学一年。获上海市级教学成果奖二等奖。
肖　琦	华东师范大学历史系讲师，女，历史学博士、哲学博士，主要从事法国思想史及社会文化史研究。发表论文 5 篇，译文计 7 万余字，参与编写教材 3 本，另发表其他文章若干篇，在法国留学 4 年。华东师范大学晨晖学者。
朱　明	华东师范大学历史系副教授，男，历史学博士，主要从事欧洲经济社会史、城市史、全球史研究。出版专著 1 本、译著 1 本，发表论文 20 余篇，先后赴法国、意大利访学。主持 1 个教育部课题、1 个上海市人才项目（晨光）。
李　磊	华东师范大学历史系副教授，男，历史学博士，主要从事中国古代史研究。出版 1 本专著、1 本译著，并发表 30 余篇论文，先后赴日本和韩国访学。主持 1 个国家社科基金青年项目、1 个上海市哲社项目、1 个上海市人才项目（浦江）。
瞿　骏	华东师范大学历史系副教授，男，历史学博士，主要从事中国近代史研究。出版专著 2 本，发表论文 30 余篇，先后赴英国以及香港、台湾访学。主持 1 个国家社科基金青年项目、1 个教育部青年项目、2 个上海市人才项目（晨光、浦江）。入选上海社科新人奖。

郎　净	上海体育学院体育新闻系副教授，女，民俗学博士，主要从事上海史、体育史教学和研究，出版 3 本专著、发表论文数篇。
蔡乐昶	华东师范大学历史学系 2015 级研究生，中国当代史方向。
李炜菁	华东师范大学历史系，讲师，女，历史学硕士，主要从事中国近现代史纲要、形势与政策教学，以及学生思想政治教育。发表文章若干。合作获得上海市教学成果二等奖，获上海市高校学生社团优秀指导教师等荣誉。曾赴美国、英国访学。
王进锋	华东师范大学历史系副教授，男，历史学博士，主要从事先秦史的教学和研究。出版专著 1 本，发表论文数十篇，曾在美国访学，主持 1 个国家课题、1 个上海市课题、1 个上海市人才项目（晨光）。
孟钟捷	华东师范大学历史系教授，男，历史学博士，主要从事 20 世纪世界史和德国史研究。出版 4 本专著和 3 本译著，主编 1 本论文集、1 套学术丛书，发表 50 余篇论文，先后赴德国、日本、法国访学。主持 2 个国家社科基金青年项目、1 个上海市哲社规划项目、2 个上海市人才项目（晨光、曙光），并受邀参加 3 个国家社科重点项目、1 个教育部社科重大项目和 1 个教育部基地重大项目。获宝钢优秀教师奖，入选 2015 年度人文社科最具影响力的青年学者。入选上海社科新人奖。

图书在版编目（CIP）数据

公共历史教育手册 / 上海博物馆编 .

—上海：华东师范大学出版社，2017

ISBN 978-7-5675-6653-8

Ⅰ . ①公 ... Ⅱ . ①上 ... Ⅲ . ①历史教学—教学研究—手册 Ⅳ . ① K-42

中国版本图书馆 CIP 数据核字（2017）第 168754 号

本书出版得到了华东师范大学历史教育比较研究中心的支持。

公共历史教育手册

编　　者	上海博物馆
策　　划	陈曾路
项目编辑	顾晓清
特约编辑	杨烨旻
装帧设计	曹文涛

出版发行	华东师范大学出版社
社　　址	上海市中山北路 3663 号　邮编　200062
网　　址	www.ecnupress.com.cn
邮购电话	021-62869887
网　　店	http://hdsdcbs.tmall.com/

印 刷 者	上海丽佳制版印刷有限公司
开　　本	787 × 1092　16 开
印　　张	12.75
字　　数	219 千字
版　　次	2018 年 1 月第 1 版
印　　次	2018 年 1 月第 1 次
书　　号	ISBN 978-7-5675-6653-8/K·485
定　　价	69.80 元
出 版 人	王　焰